Anne und Peter Thomas

Bunte Kinderfeste durchs ganze Jahr

Mit Illustrationen von Anjo Mutsaars

Urachhaus

Erklärung der Symbole

Altersgruppen

- Ende drittes bis viertes Lebensjahr
- fünftes bis Anfang siebtes Jahr
- sieben bis neun Jahre
- ab zehn Jahren

Anzahl der Spieler

- $*$ unbegrenzt
- N die Anzahl der Spieler ist N
- N^+ die Mindestanzahl der Spieler ist N; keine Begrenzung nach oben
- $N^{\pm}$ die Mindestanzahl der Spieler ist N; keine Begrenzung nach oben; gerade Anzahl an Spielern
- $N^{\pm}$ die Mindestanzahl der Spieler ist N; keine Begrenzung nach oben; ungerade Anzahl an Spielern

Drinnen oder draußen?

- Spiele für drinnen
- Spiele für draußen

Art des Spiels

- Kreisspiel
- Mannschaftsspiel
- Staffel
- Tisch-Spiel
- kreative Tätigkeit
- Spiel mit Musik
- Ballspiel
- Spiel mit verbundenen Augen (Blindekuhspiel)

Zubehör

- ▶ Dinge, die für ein Spiel benötigt werden

Aus dem Niederländischen von Iris Colsman

Die niederländische Originalausgabe erschien unter dem Titel *Kom je ook op mijn feestje?* bei Uitgeverij Christofoor, Zeist.

Zusammenstellung und Redaktion: Peter Thomas
Layout und Fotos: Ernst Thomassen
Symbole: Ernst Thomassen und P.A.H. van der Harst
Illustrationen und Zeichnungen: Anjo Mutsaars
Bastelanleitungen: Petra Berger
Rezepte: Vreni de Jong

ISBN 3-8251-7219-8

Erschienen 1998 im Verlag Urachhaus
Gesetzt nach den Regeln der Rechtschreibreform von 1996
© 1998 Verlag Freies Geistesleben & Urachhaus GmbH, Stuttgart
© 1998 Anne und Peter Thomas / Uitgeverij Christofoor, Zeist
Gedruckt in Belgien

Inhalt

Vorwort

Es gibt verschiedene Anlässe, um Feste zu feiern. Der wichtigste ist natürlich der Geburtstag. Man kann aber auch ein Abschiedsfest veranstalten, wenn die Familie umzieht, oder man feiert den Tag, an dem ein Kind nach langer Krankheit wieder aus dem Krankenhaus zurückkommt oder an dem es wieder zur Schule geht. Auch eine bestandene Prüfung kann Anlass für ein Fest sein.

Dieses Buch handelt von Festen, die Eltern selber für ihre Kinder ausrichten. Es kann ein großes Geschenk für ein Kind sein, wenn die Eltern speziell für es etwas vorbereiten und veranstalten – außerdem ist es für Sie als »Veranstalter« befriedigend, wenn ein solches Fest gut gelingt.

Wir gehen in diesem Buch vom Alter der Kinder und von der Entwicklungsphase aus, in der sie sich befinden. Die Spiele und Bastelideen, die wir aufgenommen haben, eignen sich für Kinder zwischen drei bis vier und ungefähr elf bis zwölf Jahren.

Man braucht mitunter Mut, um ein Kinderfest selbst und ganz persönlich zu gestalten, weil vor allem bei den etwas älteren Kindern die Klassenkameraden ganz gehörig diktieren können, wie ein Fest abzulaufen hat.
Deshalb ist es gut, schon ab der Kindergartenzeit eine Art des Festefeierns zu pflegen, die der jeweiligen Familiensituation und ihren Möglichkeiten Rechnung trägt. So kann im Laufe der Jahre innerhalb der Familie etwas ganz Eigenes entstehen: Feste, auf die das Kind sich freut, die ihm Spaß machen und zu denen es seine Freunde auch gerne einlädt. Das Kind erlebt Vorfreude

und ist neugierig, was Vater und Mutter sich wohl diesmal wieder Neues oder Besonderes ausgedacht haben ...

Schon ganz kleine Dinge können einem Fest eine besondere Atmosphäre geben, zum Beispiel die Tischdekoration, ein selbst gebackenes Brot, das jedes Mal eine andere Form hat, oder ein besonderer Zimmerschmuck.
Ein Vater erzählte uns, dass er jedes Jahr zu Beginn des Kinderfestes ein selbst erfundenes Märchen erzählte. Während des Festes mussten sich die Kinder an Elemente daraus erinnern – z.B. bei Rätselspielen. Manches wurde auch im Laufe des Festes bei bestimmten Spielabläufen wieder aufgegriffen.

Alleinerziehende haben vielleicht mehr Schwierigkeiten, Festen eine so individuelle Form zu geben, aber vielleicht findet sich eine Freundin oder ein Freund, eine Oma oder Tante, die bei den Vorbereitungen hilft.

Wir haben versucht, so viele Aspekte wie möglich einzubeziehen, und sind davon ausgegangen, wie wir selbst mit unseren Kindern Feste gefeiert und was wir für Erfahrungen damit gesammelt haben. Beim Zusammenstellen dieses Buches haben uns andere Eltern, die von ihren eigenen Erfahrungen berichtet haben, sehr geholfen. Wir möchten ihnen dafür herzlich danken. Besonders bedanken wir uns bei Marieke Anschütz, Christian Maclean, Francisca Rosenberg, Marijke Steenbruggen und Juul van der Stok.

Dieses Buch umfasst alle Dinge, die zu einem gelungenen Fest gehören:
- *ca. 250 Spiele (und Bastelideen), nach Spielarten sortiert, so dass man sich den Festablauf selbst zusammenstellen kann*
- *Kapitel über die Vorbereitungen für ein Fest*
- *ein übersichtliches Register, mit dem man schnell erkennt, für welche Altersstufe sich das Spiel eignet, ob es drinnen oder draußen gespielt werden soll, wie viele Mitspieler benötigt werden usw.*
- *ein ausführliches Kapitel über Puppenspiele*
- *ein Kapitel mit köstlichen und festlichen Rezepten.*

In den ersten Kapiteln des Buches werden immer wieder Puppenspiele erwähnt. Im 10. Kapitel gehen wir dann ausführlich auf dieses Thema ein. Im 11. Kapitel finden Sie zahlreiche festliche Rezepte für Kuchen, Herzhaftes und herrliche süße Getränke.

Register
Am Ende des Buches gibt es zwei Register: eines, das alphabetisch geordnet ist, und eines, in dem die Spiele nach Spielart aufgeführt werden.
In diesem zweiten Register nach Spielarten sind auch für jedes Spiel die Symbole für die jeweilige Altersgruppe, die Anzahl der Spieler usw. abgedruckt, so dass man dort auf einen Blick alle Informationen gleichzeitig zur Verfügung hat, die man braucht, um den Spielablauf zu planen.
Die Symbole werden am Anfang des 9. Kapitels (Seite 39) und auf Seite 2 erklärt.

Anne und Peter Thomas
Januar 1997

1. Kinderfeste mit Spielen

Es ist sehr wichtig, dass die Spiele und alles, was sonst auf einem Fest geschieht, zu der Altersstufe der Kinder passt und dass sie alles gut bewältigen können. Deshalb wollen wir zunächst etwas über die Entwicklungsphasen von Kindern sagen.

Die ersten drei Jahre

In den ersten drei Lebensjahren entwickelt sich ein Kind von einem hilflosen kleinen Wesen zu einem kecken, zunehmend selbstbewussten Kleinkind. Es ist immer dabei, sich umzuschauen, damit es auch ja alles mitbekommt, was in seiner Umgebung geschieht. Es nimmt die Welt mit allen Sinnen wahr und ahmt nach, was es sieht und erlebt. Jeden Tag entdeckt es neue Dinge, die es auf seine eigene Weise nachahmt. Am liebsten ist es um den Erwachsenen herum und will alles tun, was dieser auch tut: abwaschen, Kuchen backen oder auch sein kleines Geschwisterchen baden.

Kleinkinder reden den ganzen Tag. Erst sind es einzelne, zusammenhanglose Wörter und später werden ganze Sätze daraus. Es nennt sich selbst noch bei seinem Namen: »Bernd will auch Kuchen backen.«

Eines Tages überrascht es dann seine Mitmenschen, indem es »ich« zu sich sagt, und man merkt, dass etwas Besonderes geschehen ist: Das Kind hat sich selbst als Persönlichkeit entdeckt. Bei uns in der Familie war das der erste Anlass, ein Fest zu feiern. Das war im dritten Lebensjahr unseres Kindes und wir führten ein selbst ausgedachtes Puppenspiel vor und spielten einige einfache Kreisspiele.

Nach dem dritten Jahr

Jetzt merkt man, dass sich das Spiel des Kindes zu verändern beginnt. Es spielt nun mit allem, was ihm gerade in die Hände fällt oder in sein Blickfeld kommt. Dabei können die Gegenstände ohne weiteres ihre Bedeutung verändern, ein Stück Stoff kann im einen Moment zu einer Puppe werden, danach ein Deckchen sein und etwas später einen Teich darstellen.

Die Kleinkind- und Kindergartenzeit ist von unermüdlichem Spiel gekennzeichnet. Stundenlang kann das Kind nun in der Sandkiste Kuchen backen, und dabei geht es nicht darum, möglichst viele Kuchen zu backen, sondern um diesen Vorgang des Herstellens immer neuer Dinge. Je älter das Kind wird, umso häufiger lässt es auch andere Kinder mitspielen. Das Spiel beginnt sozialer zu werden.

Bernard Lievegoed schreibt in seinem Buch *Entwicklungsphasen des Kindes*, dass gerade »das Wiederholen des Schaffensvorganges in endlos erscheinenden Rhythmen … ein wesentliches Merkmal des Spiels in dieser Periode [ist]. Rhythmisch lernt das Kind, was abstrakt noch nicht zu begreifen ist.« Deshalb sind Rhythmus und Wiederholung in den unterschiedlichen Spielen ein sehr geeignetes Element für dieses Alter.

Das Kindergartenkind

Größere Kindergartenkinder fangen an, sich Ziele zu setzen, Spielfolgen zu entwickeln, und oft erwarten sie auch handfeste Resultate. Das Spielzeug muss wirklichkeitsgetreu sein, die Flickenpuppe des Kleinkindes wird durch eine »richtige« Puppe ersetzt. Natürlich verläuft diese Entwicklung bei jedem Kind ein bisschen anders.

Das sechste und siebte Jahr

Mit Kindern zwischen sechs und sieben kann man viel Spaß haben. Ihr Spiel ist lebhaft und phantasievoll, und sie um sich zu haben ist einfach angenehm.

Man kann schon kleine Gespräche mit ihnen führen, aber gleichzeitig wird deutlich, dass sie nicht mehr so offen für den Erwachsenen sind wie in der Zeit der unmittelbaren Nachahmung, durch die sie so viel von ihm lernten. Sie entwickeln langsam eine eigene Innenwelt, von wo aus sie munter um sich schauen. Immer häufiger fragen sie nach dem Warum und fangen an, selbständig zu denken.

Zwischen sieben und neun

Mit Kindern in diesem Alter haben Eltern lernbegierige, offene junge Menschen als Gegenüber, die genau wissen wollen, wie die Dinge funktionieren, und die im Allgemeinen mit Freude Neues lernen. Langsam beginnt das abstrakte Denken sich zu entwickeln. Kinder sind in dieser Phase meist ausgeglichen und gut zu haben. Auf der einen Seite gibt es immer noch eine innige Beziehung zu den Eltern, auf der anderen aber wollen sie auch schon genau wissen, warum sie etwas auf eine bestimmte Art und Weise tun sollen. In diesem Alter lieben sie die Herausforderung von Rätselspielen oder Schnitzeljagden, bei denen Aufgaben gelöst werden müssen.

Vorpubertät

Um das zehnte Lebensjahr macht wohl jedes Kind eine Art Krise durch. Die Erwachsenen werden durch plötzliche Konfrontationen stark gefordert, die Kinder werden frech, sehr kritisch, und es kann schon passieren, dass sie ganz unvermittelt zu einem sagen, man sähe einfach bescheuert aus. Außerdem finden sie fast alles kindisch.
Auf der anderen Seite begegnet man bei den Kindern gerade jetzt ganz unerwarteten Ängsten. Sie haben z.B. plötzlich im Dunkeln Angst.
Die Kinder leben jetzt ganz in Extremen: Im einen Augenblick sind sie fröhlich und ausgelassen, im nächsten zu Tode betrübt. Auf diese Weise gestaltet sich auch ihre Beziehung zu anderen Menschen: Der eine wird heftig kritisiert, der andere wie ein Held verehrt.

Dies sind erste Anzeichen für die Vorpubertät, in der die Kinder beginnen, ihre eigene Identität zu suchen. Sie bilden Banden oder Cliquen, die meist entweder nur aus Jungen oder Mädchen bestehen – entweder man gehört dazu, oder man hat keine Chance. Dies spielt natürlich bei einer Einladung zu einem Fest eine große Rolle.

Jungen und Mädchen suchen nach Verhaltensweisen dem anderen Geschlecht gegenüber. Die Jungen möchten in diesem Prozess gerne ihre Kraft ausleben dürfen und finden Mädchen schlicht unbrauchbar. Für die Mädchen ist es gerade jetzt wichtig, sich immer so zu verhalten, dass sie nicht aus der Reihe fallen.

Das elfte und zwölfte Jahr

Glücklicherweise wird die Situation in den folgenden Jahren wieder harmonischer, aber es ist dann auch eine neue Art der Beziehung zwischen dem Kind und den Erwachsenen entstanden. Den Elf- und Zwölfjährigen geht es um die Ideale, die wir Erwachsenen haben, um das, was wir wirklich sind, und nicht um den Schein. Sie sind in der Lage, die Erwachsenen erstaunlich präzise zu durchschauen.
In diesem Lebensabschnitt merken Eltern, dass sich ihre Erziehung eigentlich ihrem Ende zuneigt.

2. Feste für verschiedene Altersgruppen

Bei der Auswahl der Spiele für ein Fest sind Alter und Entwicklungsstand der Kinder wichtig.

Selbstverständlich gibt es hierfür keine festen Angaben, denn man kann nicht immer sagen: »Mein Kind ist jetzt sechs Jahre alt und kann ab sofort bei Staffeln mitmachen.« Es hängt schon auch von der Entwicklungsphase ab. Deshalb geben wir in diesem Buch durch Symbole großzügige Altersabschnitte an, die etwa so verteilt sind:

Altersgruppen:

⬡ Ende drittes bis viertes Lebensjahr
🧸 fünftes bis Anfang siebtes Jahr
🌼 sieben bis neun Jahre
✂ ab zehn Jahren

Für die meisten Spiele in diesem Buch ist ein Mindestalter angegeben. Ab diesem Alter kommen die Kinder gut mit dem Spiel zurecht, aber ältere Kinder machen vielleicht auch noch gerne mit. So kann man »Die Reise nach Jerusalem« z.B. erst mit den großen Kindergartenkindern spielen (🧸), aber auch Kinder zwischen

sieben und neun (🌼) werden sicher gerade an diesem Spiel viel Freude haben. Deshalb sind bei den meisten Spielen zwei Altersgruppen angegeben.

Wie ein Fest gestaltet ist kann sehr verschieden sein, nur gilt für alle Altersstufen und alle Feste, dass man auf einen ausgewogenen Ablauf achten sollte. Bewegungsspiele und mehr passive bzw. ruhige Spiele oder Beschäftigungen, bei denen die Kinder basteln, zuschauen oder zuhören können, sollten sich abwechseln.

In diesem Kapitel bekommen Sie einen Überblick über die Zuordnung der Spiele zu den Altersgruppen. Im neunten Kapitel werden die Spiele ausführlich beschrieben.

Außer den Symbolen für die Altersstufen benutzen wir noch Symbole für die Spielkategorien: So können Sie beim Zusammenstellen eines Programms gleich sehen, ob es sich um ein Spiel für draußen, ein Kreisspiel, ein Mannschaftsspiel oder eine Staffel handelt und wie viele Spieler gebraucht werden. Diese Symbole und ihre Bedeutung finden Sie am Anfang des neunten Kapitels (Seite 39) und auf Seite 2.

Ende drittes bis viertes Lebensjahr ⬡

Kinder in diesem Alter brauchen noch Spiele, bei denen sie nachahmen können. Es fällt ihnen noch schwer zu warten, bis sie an die Reihe kommen, und ein wirkliches Spiel kommt nicht zustande. Deshalb raten wir Ihnen, ein Fest für Kinder dieses Alters nicht zu lange auszudehnen (höchstens eine Stunde) und nur wenige Kinder einzuladen.

Spielvorschläge:

• Sing- und Fingerspiele
• malen (z.B. mit Aquarellfarben)
• Kuchen verzieren
• Puppenspiele

Puppenspiele sind ein wunderbarer Beitrag zu einem Fest. Im zehnten Kapitel gehen wir näher darauf ein.

Fünftes bis Anfang siebtes Jahr 🧸

Unter der Anleitung eines Erwachsenen können Kindergartenkinder schon eine Menge Spiele machen. Ein Fest darf jetzt zwei bis zweieinhalb Stunden dauern. Bei Sing- und Kreisspielen kann man ihrem Bedürfnis nach rhythmischen Wiederholungen wunderbar nachkommen, während sie für echte Wettspiele oft noch zu klein sind. Für Kinder in diesem Alter ist es auch sehr befriedigend, während des Festes etwas zu basteln, das sie dann mit nach Hause nehmen können. Außerdem kann man kleine Geschichten als Puppenspiel aufführen oder aber den immer noch sehr beliebten Kasper auftreten lassen.

Spielvorschläge:
- Singspiele
- Kreisspiele
- einfache Spiele wie Verstecken, Ballspiele, einfache Staffeln
- Gebildebrote oder Salzteigfiguren backen
- Kuchen verzieren
- Basteln: Faltarbeiten
- Geschichte vorlesen oder erzählen
- Puppenspiel

Sieben bis neun Jahre 🎁

In dieser Altersstufe sind die Kinder in der Lage, Regeln einzuhalten, und man kann auch schon Anforderungen an sie stellen. Die Spiele können komplizierter werden, so befriedigt man die unerschöpfliche Energie, die die Kinder in diesem Alter haben. Außerdem wollen sie jetzt auch gerne alles zeigen, was sie können, ihre Kräfte und Fähigkeiten am anderen messen. Deshalb eignen sich Mannschaftsspiele und alle Arten von Staffeln so gut für dieses Alter.
Für die Kinder, die schon gut schreiben und lesen können, gibt es eine Unmenge an Schreib- und Rechenspielen – auch Rätsel werden gerne gelöst. Natürlich bekommt der Gewinner einen Preis! Aber passen Sie auf, das Verlieren fällt manchem schwer. Man kann versuchen, solche Probleme zu vermeiden, indem man Preise an die Gewinner vergibt und auch an die, die sich am meisten angestrengt haben. Dann verteilt man vielleicht noch einen »Kreativitätspreis« und natürlich auch Trostpreise. Für Kinder gehört es dazu, etwas zu bekommen, das sie mit nach Hause nehmen können (siehe auch Seite 12).

Spielvorschläge:
- Kreisspiele
- Wort- und Rätselspiele
- Staffeln
- Ballspiele, Verstecken und Fangen
- Kasperletheater, z.B. als Einleitung zu einer Schnitzeljagd oder einem anderen Geländespiel
- einfache Geländespiele
- einfache Erkundungsspiele oder Schnitzeljagden
- Gebildebrote oder Salzteig backen
- Kartoffeldruck

Ab zehn Jahren ✂

Ab dem zehnten Lebensjahr wollen die Kinder ganz anders feiern als vorher. Sie sind kritisch geworden und achten vor allem darauf, dass nichts gemacht wird, was ihnen kindisch erscheint. Am besten gefallen ihnen Wettspiele oder Spiele mit Aufgaben, bei denen sie zeigen können, was sie schon alles beherrschen.

Spielvorschläge:
- Wort-, Rätsel- und Schreibspiele
- Staffeln
- groß angelegte Geländespiele
- komplizierte Erkundungsspiele (Schnitzeljagden)

3. Fragen von Eltern

Während der Vorbereitungen für dieses Buch haben wir mit vielen Eltern Gespräche geführt. Dabei wurden immer wieder Fragen zur Vorbereitung und Organisation eines Festes gestellt. Darum soll es in dem nun folgenden Kapitel gehen.

Wann feiern wir ein Fest?

Für Kinder im Vorschulalter ist es gut, die Geburtstagsfeier am Nachmittag ihres Geburtstages zu veranstalten. Sie ist dann ein Teil des ganzen Festtages. Größere Kindergartenkinder, die schon ohne ihre Eltern kommen, können auch direkt vom Kindergarten mitgenommen werden und ihre Eltern holen sie dann zu einer abgesprochenen Zeit wieder ab.

Manche Eltern wollen den Geburtstag ihres Kindes aber auch zu etwas Besonderem machen und ihn gerade nicht durch ein Fest mit all seinem Rummel gestalten. Natürlich kann man dann auch an einem anderen Tag feiern. Wenn man den Termin vorher mit den anderen Eltern abstimmt, gibt es keine Enttäuschungen, weil jemand nicht kommen kann. Es ist auch wichtig zu bedenken, dass Kinder von geschiedenen Eltern oft über das Wochenende beim anderen Elternteil sind.

Wie viele Kinder laden wir ein?

Eine gute Faustregel ist, so viele Kinder einzuladen, wie das Kind an Jahren alt wird. Das bewährt sich in der Praxis sehr! Trotzdem sollten Sie auch an sich selbst denken und nicht mehr Kinder *einladen, als Sie mit oder ohne Hilfe noch gut bewältigen können.*

Wenn Sie eine kleine Wohnung haben, in der nur vier bis fünf Menschen um den Tisch passen und wo auch kein Spielplatz in der Nähe ist, auf dem die Kinder spielen können, dann begrenzen die Räumlichkeiten die Anzahl der eingeladenen Gäste.

Auch das Wesen des Geburtstagskindes spielt eine wichtige Rolle bei diesen Überlegungen.
Es gibt sehr in sich gekehrte Kinder, die in einer großen Gruppe eher dazu neigen, in der Ecke zu sitzen und nichts zu sagen. Sie haben nur wenige Freunde und spielen nur selten mit anderen Kindern. Diese Kinder finden es bereits schön, wenn ein einzelner Freund zum Spielen kommt und vielleicht noch zum Abendessen bleibt.
Sind solche Kinder noch klein, sollten Sie ein bisschen mitspielen, damit das Geburtstagskind sich nicht plötzlich abseilt und die Gäste alleine spielen.

Ganz anders der »Hans Dampf in allen Gassen«: Er möchte am liebsten seine ganze Kindergartengruppe oder Klasse einladen. Aber obwohl Kinder zwischen neun und zwölf sich schon gut an Absprachen halten können, sind mehr als zwölf Kinder meist zu viel.

Sorgen Sie immer dafür, dass Sie genügend Helfer haben. Wenn Sie z.B. mit den Kindern nach draußen gehen, ist es gut, wenn jemand mitkommt, falls sich ein Kind verletzt oder es einem von ihnen schlecht wird.

Wenn man mit Kindern zwischen fünf und sieben Jahren feiert, können vier bis sechs Kinder schon genug sein.

Manche Spiele kann man ohne weiteres schon mit drei oder vier Kindern durchführen, aber die meisten werden doch erst so richtig lustig, wenn sie mit fünf oder mehr Kindern gespielt werden. Will man Wettspiele machen und dafür Mannschaften bilden, so sind mindestens sechs, besser acht oder mehr Spieler nötig.

Bei den älteren Kindern wird es immer wichtiger, wer eingeladen wird oder nicht. Meist haben sie viele Freunde oder sind in einer Clique und da kann es schwierig sein, wenn durch die Eingrenzung je nach Alter des Geburtstagskindes dann plötzlich jemand nicht eingeladen werden kann. Gerade bei Geländespielen und Schnitzeljagden, die bei Kindern in diesem Alter immer ein großer Erfolg sind, kann man dann aber auch große Gruppen besser verkraften.

Wen laden wir ein?

Manchmal ist es schwierig zu entscheiden, wen das Kind einladen kann oder will und wen nicht.
Manche Eltern fragen sich dann: »Kann mein Kind das Nachbarskind auch einladen? Es kennt doch die Schulkameraden gar nicht.« Oder: »Muss mein Kind die ganze Klasse oder Gruppe einladen?«

Im Allgemeinen tauchen solche Fragen erst um das siebte Lebensjahr auf, wenn die Kinder feste Freunde und Freundinnen haben. Bis dahin wissen die meisten Eltern gut, mit wem ihr Kind spielt und wen es wohl einladen möchte. Ab dem neunten Jahr wollen die Kinder selbst bestimmen, wen sie einladen wollen. Sie möchten oft die halbe Welt einladen und müssen dann gebremst werden. Dabei helfen dann natürlich solche Regeln wie Gästezahl = Lebensjahre.

Meist ist es gar kein Problem, sowohl Nachbarskinder als auch Schulkameraden einzuladen, da die Kinder so mit den Spielen und mit Kuchenessen beschäftigt sind, dass sie gar keine Zeit haben, darüber nachzudenken, dass sie einige der anderen noch nicht so gut kennen. Sie folgen allen Spielanweisungen als Gruppe, schauen dem Puppenspiel zu, hören eine Geschichte an und erleben sich nicht als Einzelner. Sind die Kinder neun bis zehn Jahre alt und spielen am liebsten die großen Gelände- oder Mannschaftsspiele, dann kann man auch mehr Kinder einladen, wenn man Platz und genügend Hilfe hat. Dabei kann es schon sein, dass sich Nachbarskinder in einer großen Gruppe, die sich sonst auch jeden Tag in der Schule sieht, etwas verloren vorkommen. In so einem Fall sollte man die Nachbarskinder besser einmal extra einladen.

Wie erlebt sich Ihr Kind in der Klassengemeinschaft und wie sieht das Sozialgefüge der Klasse überhaupt aus? Manchmal ist es ratsam, nicht nur die besten Freunde einzuladen, sondern vielleicht auch einmal ein Kind, mit dem es gerade Probleme gibt. Es ist durchaus möglich, dass sich eine Beziehung durch ein schönes, gemeinsam verbrachtes Fest verändert. So etwas kann man auch vorher mit dem Lehrer besprechen.

Dürfen Geschwister auch mitfeiern?

Klar ist, dass auf dem Fest Spiele gemacht werden, die dem Alter des Geburtstagskindes entsprechen. Wenn sie vom Alter her nicht zu weit auseinander sind, können Geschwister gut mitfeiern, denn sie gehören ja schließlich dazu. Sind die Geschwister deutlich älter, können sie ja vielleicht dem Spielleiter helfen.

Jüngere Geschwister stören schon eher, weil sie noch nicht alles mitmachen können und dann eifersüchtig werden. Man sollte sich vorher überlegen, wie sie sich wohl verhalten werden, und sie gegebenenfalls bei einem Freund unterbringen oder zusätzlich jemanden für sie einladen.

Wie lange dauert das Fest?

Die Dauer eines Festes hängt von der Anzahl der Kinder, ihrem Alter und der Art der Spiele ab. Die folgenden Beispiele sollen eine Entscheidungshilfe sein.

Vier Jahre
Das Geburtstagskind ist vier geworden und die Gäste kommen am frühen Nachmittag. Sie werden begrüßt und geben als Erstes ihre Geschenke ab. Dann macht man Spiele und einen festlichen Geburtstagskaffee mit Torte. Die Dauer hängt hierbei von der Anzahl der Spiele ab und sollte nicht länger als anderthalb Stunden sein.

Sechs Jahre
Ihr Kind wird sechs. Sie haben sechs Kinder eingeladen und nehmen sie direkt nach der Schule mit. Es gibt erst Mittagessen und danach werden die Geschenke ausgepackt, dann Spiele gemacht und schließlich ein Puppenspiel oder Kasperltheater aufgeführt. Natürlich gibt es auch eine festliche Kaffeetafel. Das ist jetzt schon ein Programm, das sicher zweieinhalb Stunden oder länger dauert.

Sieben bis neun Jahre
Für dieses Alter stellt man am besten schon ein richtiges Festprogramm zusammen – Schnitzeljagden oder andere Geländespiele können gut eine Stunde dauern, und dann sollte man noch zwei bis drei Stunden für alles andere rechnen.

Ab zehn Jahren

Wenn die älteren Kinder nicht nach draußen gehen wollen, um zu feiern, dann muss man schon ein Programm haben, das sie voll beansprucht. Allerdings finden Kinder in diesem Alter es auch schön, einfach zusammenzusitzen, zu schwatzen und dabei etwas zu knabbern. So kann ein Fest je nach Programm schon den ganzen Nachmittag dauern.

Die Dauer eines Festes

- ⬡ 1 – 1,5 Stunden
- ⬢ 1,5 – 2,5 Stunden
- ⬡ 2 – 3 Stunden
- ✂ 3 – 4 Stunden

Bekommen Sieger einen Preis?

Preise gibt es ja im Allgemeinen, wenn eines der Kinder die Spielaufgabe schneller, besser oder vielleicht ordentlicher als die anderen gelöst hat.
Dieses Element des Wettstreites wird erst mit dem sechsten bis siebten Lebensjahr wirklich wichtig. Kindergarten- und Vorschulkinder sind mit Kreis- und Gruppenspielen noch vollauf zufrieden.
Wenn man Wettspiele macht, sollte man darauf achten, dass alle Kinder etwas abbekommen.
Zum Beispiel bei »Tip« (siehe Seite 42): Ein Kind geht aus dem Zimmer. Auf einem Tablett liegen Rosinen, und die anderen Kinder suchen jetzt eine davon aus. Das Kind von draußen darf hereinkommen und so viele Rosinen einsammeln, bis es die eine Rosine erwischt – dann rufen alle anderen »Tip!«. Diese Rosine muss das Kind zurücklegen, die anderen darf es behalten. Danach darf der Nächste sein Glück probieren. Wenn nun ein Kind gleich zu Anfang die ausgesuchte Rosine nimmt, kann man ihm ruhig ein paar mehr zustecken.

Bis zum achten oder neunten Lebensjahr können die Kinder noch nicht gut verlieren und das müssen sie auch auf einem Fest nicht unbedingt lernen. Deshalb ist es wichtig, dass jeder etwas bekommt. Wenn man also Mannschaftsspiele oder Staffeln vorbereitet, sorge man für genügend Preise oder auch Trostpreise, so dass jede Mannschaft oder sogar jedes Kind etwas bekommt – mit ein bisschen Phantasie fallen einem immer Gründe ein, warum jemand nun auch einen Preis verdient. Die einen waren vielleicht die Schnellsten, die Nächsten haben eine Aufgabe besonders originell gelöst und wieder andere haben vielleicht etwas außerordentlich Schönes gebastelt.
Bei manchen Spielen geht es nur um die Leistung eines Einzelnen, und dann kann man das Kind, das gewonnen hat, als Belohnung auch beim nächsten Spiel beginnen lassen oder es darf den nächsten Spieler aussuchen.

Wie ist das mit einer Wunschliste?

Es ist manchmal schon erstaunlich, was für teure Geschenke die Kinder bekommen, und man darf sich sicher fragen, ob man ihnen damit wirklich etwas Gutes tut.
Da Geschenke für ein Kinderfest eher Kleinigkeiten sein sollten, kann man natürlich mit einer Wunschliste dafür sorgen, dass auch wirklich nur Kleinigkeiten geschenkt werden. Für die kleineren Kinder stellen die Eltern die Liste zusammen, mit den Größeren – ab sechs bis sieben Jahren – kann man sie am besten gemeinsam machen. Dadurch verhindert man auch, dass die Kinder Dinge bekommen, die man nicht so gerne sieht. Man kann auch eine Wunschliste auf die Einladungen schreiben, aber das finden manche Eltern aufdringlich. Deshalb ist es besser, die Eltern zu bitten, mit Ihnen Kontakt aufzunehmen.

4. Der Geburtstag

Durch die Sorgen und Mühen unseres Alltags, die Belastung durch Familie und Beruf kann es passieren, dass man den Geburtstag eines Kindes nur unter dem Gesichtspunkt betrachtet, was an diesem Tag alles zu geschehen hat.
Es kann jedoch sehr sinnvoll sein, auch auf eine andere Art und Weise bei diesem Ereignis innezuhalten. Schließlich ist es sein oder ihr Jahres-Tag. Das alte Jahr ist abgeschlossen – ein neues beginnt, und es kann sehr schön sein, diesen Tag ganz bewusst zu begehen. Vor allem in dem Altersabschnitt, um den es in diesem Buch geht, verändert sich ja immer eine Menge. Es geschieht im Leben der Kinder so viel, dass es auch für Sie als Eltern bereichernd ist, das vergangene Jahr noch einmal zu überdenken.

Am ersten Geburtstag schaut man darauf zurück, wie sich aus einem eher passiven Säugling ein Kind entwickelt hat, das keck durch das Zimmer krabbelt und das schon sehr wohl deutlich machen kann, was es möchte.
Vielleicht gab es aber auch sorgenvolle Zeiten. Schauen Sie sich doch einmal das Fotoalbum an, wenn Sie am Abend vor dem Geburtstag das vergangene Jahr noch einmal an sich vorüberziehen lassen – in Gedanken oder indem Sie mit Ihrem Partner darüber sprechen. Das ist dann wie ein Abschluss des Vergangenen – für Sie selbst und auch für das Kind. Manche Mütter schreiben die Bilder, die ihnen in solchen Momenten in den Sinn kommen, auf und lesen sie im nächsten Jahr wieder nach.
Vielleicht gab es Schwierigkeiten – Krankheiten, Probleme in der charakterlichen Entwicklung des Kindes oder Dinge, die seine Entwicklung von außen beeinträchtigt haben. All diese Ereignisse können am Vorabend des Geburtstages

überdacht werden und ihren Platz im Lebenslauf des Kindes bekommen.

Wenn das Kind vier wird, kann es teilweise in solch einen Rückblick einbezogen werden. Der Geburtstag beginnt dann am Abend vorher beim Zubettgehen mit einem kleinen Rückblick auf das vergangene Jahr. Kinder lieben das. Wenn sie älter werden, kann daraus ein Gespräch werden, zu dem die Kinder selbst immer mehr beitragen. Auch der nächste Tag kann dann noch einmal angesprochen werden.

Das reicht aber natürlich nicht aus – ein Geburtstag muss allen anderen Tagen gegenüber etwas Besonderes sein. Wenn man Kinder nach Erinnerungen an ihren Geburtstag fragt, erzählen sie oft, dass sie den Tisch nicht abräumen mussten, nicht abzuwaschen brauchten und dass sie sich das Essen auswählen durften. Wichtig ist auch die Erinnerung, ganz im Mittelpunkt gestanden zu haben.

Schon beim Aufwachen denkt ein Kind: »Heute ist mein Geburtstag!« Es darf sich waschen und anziehen und muss dann noch einen Moment warten, bis es in das Zimmer kommen darf, wo die Bescherung stattfinden soll. Die Familie hat den Frühstückstisch festlich gedeckt und einen Stuhl für das Geburtstagskind geschmückt. Wenn alle anfangen zu singen, weiß das Geburtstagskind, dass es jetzt kommen darf. Alle gratulieren ihm und bei uns zu Hause gab es daran anschließend die Geschenke.
Der Rest des Tages kann sehr verschieden aussehen. Oft kommen die Verwandten und Freunde, um dem Kind zu gratulieren, und nachmittags findet vielleicht die Geburtstagsfeier statt.

Wenn das Fest vorbei ist, sind die Eltern meist sehr müde, und dann muss noch alles aufgeräumt werden. Manchmal denken Eltern, dass das Kind jetzt sein Fest gehabt hat und man wieder zur Tagesordnung übergehen kann.
Aber ist es auch für das Kind alles schon vorbei?
Manche Kinder wollen gleich mit ihren Geschenken spielen, andere sitzen ruhig da und lassen alles noch einmal nachklingen, aber meist mögen sie doch gerne noch einmal über alles sprechen, was sie im Laufe des Tages erlebt haben. Bei unseren Kindern gehörte das zur Zeremonie und wurde oft beim Zubettgehen getan.
Manchmal möchten Kinder auch, dass ein Freund über Nacht dableibt, und sie schauen dann nach dem Fest noch einmal alle Geschenke gemeinsam an. Wenn einer der Eltern dann vor dem Einschlafen noch mit dem Geburtstagskind auf den Tag zurückschaut, kann der Freund oder die Freundin ohne weiteres dabei sein und am Gespräch teilnehmen. So ein Rückblick auf das Fest gibt den Kindern die Möglichkeit, ihre Erlebnisse zu verarbeiten und sie in ihrer Seele zu bewahren. Vor allem bei den jüngeren Kindern kann dieser Tag so zu einem unvergesslichen Ereignis werden.

5. Die Vorbereitung

Eltern, die schon oft ein Fest gefeiert haben, werden auch bei den Vorbereitungen wissen, was alles getan werden muss, aber wer zum ersten Mal ein Fest organisiert, wird in diesem Kapitel sicher Hilfe finden.

Zu bedenken ist:
- das Programm
- die Einladungen
- der Zimmerschmuck
- Essen und Trinken
- die Wünsche des Kindes
- Preise oder Gastgeschenke

Wenn das Programm für die Feier feststeht, können Sie die Einladungen schreiben. Das Programm hängt ab von der Anzahl der Kinder, davon, ob das Fest unter einem bestimmten Motto steht, und vom Alter der Kinder. Auf der nächsten Seite ist eine Checkliste abgedruckt, auf der Sie alle wichtigen Punkte abhaken können. Sie können die Liste ganz nach Belieben benutzen oder auch ergänzen.

Erste Vorbereitungen

Wer zum ersten Mal ein Kinderfest organisiert, benötigt sicher viel mehr Zeit als schon beim zweiten Mal. Eine Mutter erzählte mir, dass sie sich schon einige Wochen vorher immer wieder in Gedanken mit der Geburtstagsfeier ihres Kindes beschäftigte. Alle Ideen schrieb sie dann auf, und so entstand nach und nach eine Fülle von Möglichkeiten.

Für ein Fest, dessen Motto mit den Spielgewohnheiten Ihres Kindes zu tun hat, können Sie nicht so lange vorher schon feste Vorbereitungen treffen, sondern erst ein paar Wochen im Voraus. Einladungen verschicken Sie am besten zwei bis drei

Wochen vorher, dann müssen Sie das Motto schon wissen, aber noch nicht das Programm bis in alle Einzelheiten. Stimmen Sie bei den Allerkleinsten (⬡) den Termin eventuell vorher mit deren Eltern ab, da diese oft mit zum Fest kommen. Sie können sie auf den Nachmittag des Geburtstages einladen und dann mit den Kindern ein paar kleine Spiele machen, die Sie vielleicht mit Ihrem eigenen Kind vorher schon einmal ausprobiert haben.

Wenn Sie ein Märchen erzählen, ein Puppenspiel oder Kasperltheater spielen oder etwas kompliziertere Spiele machen wollen, brauchen Sie auch mehr Zeit für die Vorbereitung. Je nachdem, wie viel Zeit Sie haben, müssen Sie drei bis vier Wochen rechnen, um eventuell die Puppen selbst zu machen, wenn Sie das wollen, um Girlanden zu basteln, sich Aufgaben für eine Schnitzeljagd auszudenken usw. Wenn die Kinder mithelfen wollen, sollte man nicht zu lange vorher beginnen, aber man muss dann bedenken, dass die gemeinsame Vorbereitung länger dauert, als wenn man alles alleine macht.

Der folgende Zeitplan kann eine Hilfe für die Vorbereitung sein.

Zeitplan

6-4 Wochen vorher:
- Puppenspiel oder Märchen aussuchen und vorbereiten
- Puppen herstellen

4-3 Wochen vorher:
- beobachten, was Ihr Kind gerade am meisten beschäftigt

3-2 Wochen vorher:
- die Einladungen schreiben

2 Wochen vorher:
- die Festvorbereitungen mit dem Kind zusammen erledigen
- Einladungen verschicken

2-1 Woche vorher:
- Zimmerschmuck basteln
- Schnitzeljagd: Route ablaufen

1 Woche vorher:
- Zimmerschmuck basteln
- Einkäufe erledigen

1 Tag vorher:
- Kuchen backen
- Girlanden aufhängen
- Zimmer umräumen

Checkliste

Wann ist das Fest?
Datum, Anfang und Ende der Feier

Wer ist eingeladen?
Namen, Adressen und Telefonnummern
der Kinder

Wunschzettel schreiben

Helfer
Wer hilft beim Fest?
eventuell Babysitter für kleinere
Geschwister

Drinnen oder draußen?
Wo feiern wir?
draußen: Garten, Park, Spielplatz, Wald
Wie ist der Wetterbericht?
(Regen-)Kleidung

Ein Fest mit Motto
Geschichte aussuchen
Puppenspiel vorbereiten
Kostüme
Hilfsmittel

Einladungen
Karten
Umschläge
Briefmarken
Adressen

Einrichtung
Kleiderhaken mit den Namen der Gäste
Zimmer um- bzw. ausräumen
Geschenketisch

Zimmerschmuck
Material
Girlanden aufhängen
Tischschmuck
Namenskärtchen
Platzschmuck für das Geburtstagskind
Kleidung
Festliche Kopfbedeckungen

Geschenke und Preise
... selbst herstellen oder kaufen?
Korb oder Sack für Preise

Essen
Tischdecken
Tischordnung
»Menü« zusammenstellen
Einkaufsliste
Platzdeckchen
Geschirr und Besteck
Brot backen
Kuchen backen
Limonade machen oder kaufen
Strohhalme
....
....
....

Programm

Basteln
Material beschaffen
den Tisch mit Papier oder Zeitung
bedecken
Scheren, Stifte, Farben, Leim

Spiele
Auswahl
Liste des Zubehörs erstellen
Zubehör zusammensuchen
ein Spiel für den Anfang aussuchen
»Lückenfüller-Spiele«

Schnitzeljagd
Route festlegen
Aufgaben ausdenken
Route markieren

Gäste nach Hause bringen

Einkaufsliste
....
....

Die Wünsche des Kindes

Kindergartenkinder (🧸) haben meist noch nicht so feste Vorstellungen von dem, was sie sich für ihr Fest wünschen – sie werden freudig auf alles eingehen, was der Erwachsene mit ihnen vorhat. Für sie ist es aber schon eine nette Aufgabe, die Einladungen zu verzieren.

Sechsjährige wissen in der Regel sehr genau, was sie machen wollen. Wenn möglich sollte man ihren Wünschen entsprechen und sie dann auch an den Vorbereitungen beteiligen. Sie können Einladungen verzieren oder auch schon schreiben und beim Kochen und Backen helfen.

Die Älteren (🌱✂) setzen sich schon sehr bestimmt für ihre eigenen Wünsche ein und sind dann gerne bereit, sich an den Vorbereitungen zu beteiligen. Neun- bis Zehnjährige wissen oft bis in alle Einzelheiten, was nötig ist, und können eine wirkliche Hilfe sein.

Trotzdem sollte man darauf achten, dass das Kind nicht zum Mitorganisator wird, denn dann wird es für seine Freunde leicht zum Außenseiter. Es soll ja an diesem Tag im Mittelpunkt stehen, verwöhnt werden, und sollte deshalb während des Festes selbst nicht mehr mithelfen.

Wir haben bei den Festen unserer eigenen Kinder immer dafür gesorgt, dass es auch für das Geburtstagskind noch eine Überraschung gab, wie z.B. ein Puppenspiel oder eine Schnitzeljagd. Auch bei themenbezogenen Festen ist es gut, bestimmte Dinge während der Vorbereitungszeit noch zu verheimlichen.

Die Einladungen

Die Kinder sprechen oft bereits lange vorher miteinander über ein anstehendes Fest und häufig laden sie ihre Freunde auch schon mündlich ein. Die Eltern haben meist ihrerseits schon Kontakte deshalb aufgenommen. Trotzdem sollten zwei Wochen vor einem Fest schriftliche Einladungen verteilt werden. Will man sichergehen, dass die Einladungen auch ankommen, kann man sie per Post verschicken, denn es ist bestimmt schon des Öfteren vorgekommen, dass Eltern zwei bis drei Tage vor dem Fest einen Stapel Einladungen aus der Tasche ihres Sprösslings gezogen haben. Vor allem bei Kindern unter sieben ist da kein Verlass.

Außer den Zeiten, dem Motto und Anlass können auf der Einladung auch Anregungen für Kostüme bei einem Fest mit einem besonderen Thema oder die Bitte um bestimmte Kleidung (Regenkleidung, Badezeug oder Ähnliches) stehen.

Umräum-Aktionen

Es ist sicher sinnvoll, überflüssiges Mobiliar aus dem Zimmer zu schaffen, in dem die Feier stattfindet, damit genug Platz für die Spiele zur Verfügung steht. Dinge, die leicht kaputtgehen oder an denen Ihnen besonders liegt, sollten Sie wegräumen. Das Gleiche gilt auch für Spielzeug, mit dem die anderen Kinder nicht spielen sollen.

Preise und kleine Geschenke

Preise für die Sieger und kleine Gastgeschenke sollten vorher bereitgelegt werden. In einem schönen Kistchen oder einem geschmückten Korb sehen sie sehr dekorativ aus. Genauso können die Kinder aber auch selbst etwas basteln, was sie dann mit nach Hause nehmen dürfen (siehe den Abschnitt »Basteln« in Kapitel 9, ab Seite 62). Das kann ein ruhiger und sehr gemütlicher Programmpunkt des Festes sein.

Preise und Gebasteltes werden am Schluss des Festes oft vergessen, also: daran denken, alles mitzugeben! Das können Sie sich erleichtern, indem Sie für jedes Kind ein kleines Tütchen bereithalten, in dem es alles verstaut, was es vom Fest mit nach Hause nehmen darf. Sie können die Geschenke auch im Zuge eines Spiels verteilen, wie z.B. beim Ballonspiel oder der Grabbelkiste (siehe Seite 48).

Natürlich kann man die Preise kaufen. Es können auch ganz billige Dinge sein, wichtig ist nur, dass sie alle gleich viel wert bzw. gleich groß sind, denn darauf achten Kinder sehr.

Wenn die Kinder selber etwas basteln oder backen, ist es nicht so schlimm, wenn einer etwas Größeres hat als der andere. Trotzdem kann man darauf achten, dass am Ende jeder gleich viel gut gegangene Brötchen hat oder was es sonst mitzunehmen gibt.

Preise und Geschenke zum Selbermachen
- Papierblumen (Seite 31)
- ein kleines Bilderbuch
- eine Festkrone (Seite 27)
- einen Wurfzapfen (Seite 64)
- Filz-Zwerge (Seite 32)
- selbst gezogene Wachskerzen (Seite 32)
- Wollpüppchen (Seite 33)
- ein kleines Transparent (Seite 33)
- eine verzierte Streichholzschachtel mit Halbedelsteinchen darin

Vorschläge für gekaufte Preise:
- Säckchen mit Nüssen, Rosinen, Plätzchen oder etwas Süßem
- ein kleiner Blumentopf mit Zwiebel (im Frühjahr)
- kleine geschliffene Halbedelsteine
- eine Kerze
- ein Foto vom Fest (falls Polaroidkamera vorhanden)
- ein Päckchen Faltblätter
- ein Bleistift oder mehrere Buntstifte
- Ausstechförmchen
- eine Trillerpfeife
- Murmeln
- Blöckchen
- Pinsel und ein kleiner Wasserfarben- kasten
- Wolleknäuel
- Blumensamen
- Lauge für Seifenblasen
- Kinderschminke
- Frisbee-Scheibe
- Knetwachs oder Modelliermasse

Basteleien, die man mit den Kindern gemeinsam machen kann
- Gebildebrote (Seite 63)
- verzierte Plätzchen (Seite 62)
- Fenstertransparente (Seite 33)
- selbst gezogene Wachskerzen (Seite 32)
- Kopfbedeckungen für das Fest (Seite 27)
- Wurfzapfen (Seite 64)
- ein bemaltes T-Shirt (Seite 67)

6. Feste mit einem Motto

Ein Motto gibt dem Fest einen besonderen Charakter, und je mehr es mit den momentanen Interessen Ihres Kindes zu tun hat, umso größer wird die Freude sein. Sie können mit einem Märchen oder einem Puppenspiel beginnen, um auf das Thema einzustimmen (siehe »Geschichten erzählen«, Seite 38, und »Puppenspiele«, Seite 94ff.).

Alles, was auf so einem Fest gemacht wird, kann in Zusammenhang mit dem Thema stehen. Bei einem Puppenfest z.B. essen die Kinder kleine Puppentörtchen von Puppengeschirr, die Spiele sind kurz und einfach. Haben Sie ein Märchenthema ausgewählt, dann steht alles im Zeichen dieses Märchens: Wird z.B. die »Geschichte vom Apfelkuchen« erzählt (siehe Seite 20f.), gibt's natürlich Apfelkuchen und auch sonst spielen Äpfel bei allen Programmteilen eine Rolle. Man kann dafür die Utensilien für ein Spiel verändern oder überhaupt Spiele so abwandeln, dass sie zum Thema passen.

Weiter unten wird am Beispiel des »Riesenfestes« vorgestellt, wie so eine Feier mit einem Motto ablaufen kann. Für weitere Themen gibt es stichwortartige Vorschläge.

Wie findet man ein passendes Märchen?

Wenn keines der bekannten Märchen zum Thema passt, kann man in der Bibliothek nach Märchen- oder Geschichtensammlungen fragen. Auch der Stichwortkatalog der Bücherei kann eine Hilfe sein. Zu lange Märchen sollte man für so eine Gelegenheit kürzen oder man verändert eine Geschichte etwas, damit sie besser zum Thema und für das Alter der Kinder passt oder damit man sie besser nachspielen kann.

Kostüme

Kostüme sind für ein Fest mit einem Motto natürlich ganz wichtig. Man kann zwar in der Einladung um eine Kostümierung bitten, die zum Thema passt, aber dann riskiert man, dass die Kostüme sehr verschieden oder ganz unpassend sind. Manch einer wird vielleicht zu Hause gar nichts haben, um ein Kostüm daraus zu machen. Will man also alles in der Hand haben, muss man das, womit die Kinder sich themengerecht verkleiden, selbst anfertigen. Es geht ja auch gar nicht darum, dass die Kinder alle von Kopf bis Fuß verkleidet sind, sondern dass sie einen Hut, einen Kragen, einen Schal oder einen Umhang haben, der sie »verwandelt«. Die Kinder können die Kostüme dann anziehen, wenn alle angekommen sind.

Die Spiele und Tätigkeiten, die im Folgenden genannt werden, sind alle in Kapitel 9 ausführlich beschrieben und können mit Hilfe des Registers leicht gefunden werden.

Riesenfest
⚓ ♘ ✳ ⌂ ♀

Einladungen:
Entweder ein ausgeschnittener Riese, der so groß ist, dass er über den Rand der Karte hinausragt, oder ein Bild von einem Kästchen mit Schloss.

Märchen und Geschichten, in denen Riesen vorkommen, gibt es zuhauf, auch Volkssagen sind eine gute Quelle hierfür.

Riesen sind groß, ihre Bewegungen ausladend, und alles, was sie anhaben und benutzen, ist riesig. In vielen Märchen hört man, dass Riesen zwar groß und stark sind, aber ach so dumm! Sie sind weniger geschickt als Menschen und stehlen deshalb die Dinge, die sie nicht selbst machen können. Riesen können nur mit List überwunden werden.

• Die Kinder kommen herein, hängen ihre Mäntel auf und setzen sich (siehe Seite 35).
• Geschenke werden verteilt und ausgepackt (siehe Seite 35).
• Jetzt kommt die Geschichte: Oft ist die Hauptperson schlau und listig und besiegt den Riesen am Ende. Um die Aufmerksamkeit der Kinder zu gewinnen, kann man zu Beginn den Riesen mit lauter, tiefer Stimme etwas sagen lassen. Ein solcher Einstieg eignet sich auch für ein Puppenspiel. Dabei könnten zwei Puppen vorkommen: ein Riese und ein Junge oder Mädchen (je nach Geschlecht des Gastgebers).

Der Riese tritt auf und erzählt, dass er furchtbaren Hunger hat und etwas zu essen sucht, aber die Menschen sind so klein, dass alles, was sie im Haus haben, für ihn viel zu wenig ist.
»Ihr wisst ja, dass ich ein mordsstarker Kerl bin. Niemand ist so stark wie ich. Warum soll ich etwas lernen oder mir gar Arbeit suchen? Ich kann mir ja immer alles von den Menschen holen, was ich brauche!«
Jetzt tritt ein Junge oder Mädchen auf:
»Tag, Riese, was sagst du da, du könntest alles einfach holen, was du brauchst?«
»Ja, ich bin ja so stark, dass jeder Angst vor mir hat, und keiner traut sich, mir etwas wieder wegzunehmen!« Jetzt erzählt der Riese, dass er an diesem Morgen eine Menge nützliche und auch leckere Dinge gefunden hat – einfach so in einem Haus –, und die hat er alle mitgenommen: Kuchen, Saft, Süßigkeiten, Eis ...

• Jetzt ist der Moment gekommen, den Kindern zu sagen: »Ach du jemine, das klingt ja so, als ob das die Sachen wären, die ich für unser Fest gemacht habe. Schaut mal nach, ob alles noch da ist.« ... Nein! Alles ist weg!

Den Kindern bleibt nichts anderes übrig, als den Riesen zu suchen (Vater oder Freund), und sie finden ihn dann irgendwo im Haus oder im Garten in tiefem Schlaf.
• Als Erwachsener hat man natürlich viel Erfahrung im Umgang mit Riesen, und jetzt erzählt man den Kindern, dass man einen Riesen nur mit einem selbst ausgedachten, passenden »Riesenspruch« aufwecken kann.
• Der Riese wacht durch den Spruch, den die Kinder sich ausgedacht haben, auf und jetzt können die Kinder ihm Fragen stellen. Wo er die Leckereien wohl alle versteckt hat? Schnell merken sie, dass der Riese noch sehr schläfrig ist und nur mit »Ja« und »Nein« antwortet.
• Mit Hilfe seiner Antworten finden die Kinder schließlich die Schachtel, in die er alles hineingesteckt hat, aber sie ist verschlossen. Sie müssen wieder zurück zum Riesen gehen, um ihn zu fragen, wie sie die Schachtel öffnen können. Inzwischen ist der Riese so weit aufgewacht, dass er außer »ja« und »nein« auch »vielleicht« sagen kann. Der Riese fährt damit so lange fort, bis die Kinder nach einer Anweisung fragen. Dann gibt er ihnen ein Puzzleteil, auf dessen Rückseite steht, wo das nächste Teil zu finden ist. Wenn sie auf dem vollständigen Puzzle gelesen haben, wo der Schlüssel versteckt ist, können sie endlich die Schachtel öffnen und den wohlverdienten Kuchen essen.

Spielvorschläge:
⌂ Warm oder kalt, Alle Vögel fliegen hoch, Ich packe meinen Koffer, Ohne Sieben, Wer bin ich?, Teekesselchen, Pfänderspiel, Blindekuhspiele
♀ Blinzeln, Ringlein, Ringlein, Armer schwarzer Kater, Anna Maria Kuckuck, Schiffer, darf ich überfahren?, Kreisball, Sitzfußball, Stehball

Puppenfest
♟ ✳ ⌂ ♀

Ein Puppenfest eignet sich für fünf- bis
sechsjährige Jungen und Mädchen. Es
wird am besten drinnen gefeiert, einige
Spiele können Sie aber auch draußen
durchführen. Jedes Kind bringt seine
Lieblingspuppe oder sein liebstes
Kuscheltier mit.

Einladungen:
Ein Bild einer Puppe

• Vorher schon Hocker, kleine Stühle
oder Kissen in einem Kreis aufstellen
bzw. hinlegen.
• Wenn alle Kinder sitzen, erzählen Sie:
»Heute wird Anna fünf Jahre alt, und das
möchte sie zusammen mit ihrer Puppe
Lisa feiern. Schaut, das ist Lisa.«
Jetzt können Sie mit Lisa im Kreis herum-
gehen und alle Kinder nach dem Namen
ihrer Puppe fragen und ob sie sonst noch
etwas von ihr erzählen möchten: wie
lange sie sie schon haben, von wem sie
sie bekommen haben etc. Jüngere Kinder
sind sicher darauf angewiesen, dass Sie
viele Fragen stellen, ältere können von
alleine ganze Geschichten über ihre
Lieblinge erzählen.

• Jetzt können die Kinder zusammen mit
ihrer Puppe die Geschenke überreichen.
• Und dann ist es Zeit für eine Geschichte. Für dieses Alter sollte sie kurz
sein, wie z.B. »Der Handschuh«, ein
russisches Märchen.

*Im Winter geht ein alter Mann mit sei-
nem Hund im Wald spazieren. Er verliert
seinen Handschuh. Ein Mäuslein sieht
den schönen warmen Handschuh und
kriecht hinein. Nun kommt ein Frosch,
der will auch hinein, dann kommt ein
Hase, ein Fuchs, ein Wildschwein und
ein Bär vorbei und jeder fragt: »Kann ich
auch noch hinein?« und kriecht in den
Handschuh. Als der alte Mann bemerkt,
dass er seinen Handschuh verloren hat,
schickt er seinen Hund zurück und der
jagt alle Tiere wieder aus dem Handschuh heraus.*

• Wenn Sie das Märchen erzählt haben,
fragen Sie: »Möchtet ihr das Märchen
gerne zusammen spielen? Die Puppen
schauen uns zu.«
• Schon vorher müssen die Utensilien
dafür bereitgelegt sein: Ein großes Tuch
ist der Handschuh, und Sie können für

jedes Kind ein Stirnband anfertigen, auf
das ein Tier gemalt ist (siehe »Krone oder
Stirnband«, Seite 27).
• Jetzt erzählen Sie die Geschichte noch
einmal, aber langsam und mit großen
Pausen, so dass jedes Tier Zeit hat, seine
Rolle zu spielen, und sagen Sie den
Kindern leise den Text vor, den sie
sprechen müssen. Wenn die Kinder
wollen, können sie das Märchen noch
mal mit vertauschten Rollen spielen,
aber achten Sie auf die Zeit! Vielleicht
müssen Sie ein anderes Spiel dafür
weglassen.
• Nach der Vorstellung müssen die
Puppen ins Bett. Jedes Kind bekommt
ein kleines Tuch oder Deckchen, um
seinen Liebling zuzudecken, und alle
werden auf einen Sessel oder Ähnliches
gelegt.
• Jetzt kommt das eigentliche Spiele-
programm für die Puppeneltern.
• Achten Sie am Schluss darauf, dass die
Kinder genug Zeit haben, ihre Puppen
liebevoll wieder aufzuwecken.
• Zum Schluss des Festes gibt es Puppentörtchen und Limonade, und wenn
die Eltern kommen, kriegen sie Puppen-
plätzchen und Tee.

Spielvorschläge:
⌂ Malen, Gebäck verzieren, Gebildebrote backen, Kreisspiele, Tip, Kirschen-
oder Brezelschnappen, Piek den Esel

Eventuell ♀ Bewegungs- und Nachahmungsspiele, Kreisspiele

Apfelkuchenfest
♟ ✳ ⌂ 🌳

Einladungen:
Geformt wie ein großer Apfel

*Eine alte Frau hat große Lust auf Apfel-
kuchen, aber sie hat nur Pflaumen und
keine Äpfel. Sie macht sich auf und
tauscht die Pflaumen gegen Federn, die
Federn gegen Blumen, die Blumen*

gegen eine Kette, diese gegen einen kleinen Hund und den Hund dann gegen einen Korb voller Äpfel.

Ein ganzes Fest kann um diese »Geschichte vom Apfelkuchen« herum gestaltet werden.
• Man bereitet zwei Stapel von jeweils gleichen Kärtchen vor, die alle etwas aus den verschiedenen »Lebensphasen« eines Apfels zeigen: einen Baum voller reifer Äpfel, einen Zweig mit Apfelblüten, Bienen, einen Apfel, die Apfelernte, einen Marktstand mit Äpfeln, einen Apfelkuchen. Der eine Stapel kommt in ein Körbchen, der andere wird zur Seite gelegt.
• Beim Hereinkommen zieht jedes Kind ein Kärtchen aus dem Korb und setzt sich dann in den Kreis.
Das Geburtstagskind nimmt jetzt ein Kärtchen nach dem anderen von dem zweiten Stapel, und das Kind, das die passende Karte dazu hat, gibt sein Geschenk ab.
Danach wird ein Märchen erzählt, das man dann wie beim Puppenfest mit den Kindern zusammen nachspielt oder es ihnen als Puppenspiel vorführt. Durch direktes Ansprechen lassen sich die Kinder auch ins Puppenspiel gut einbeziehen. Manche Szenen eines Stücks kann man auch einfach erzählen, ohne sie ganz vorzuspielen.
• Äpfel sind Herbstfrüchte, und so können Äpfel oder überhaupt Ernteaktivitäten während des ganzen Festes eine Rolle spielen. Aus kleinen Fetzen Seidenpapier können die Kinder Apfelbilder kleben oder Transparente basteln (siehe Seite 33). Natürlich gibt es Apfelkuchen zu essen, aber auch miteinander Apfelküchlein zu backen macht Spaß (Seite 116), und die Kinder haben dann etwas, das sie mit nach Hause nehmen können.

Spielvorschläge:
Äpfel schnappen, Geschmacks-Kim, Tip, Pfänderspiel, ruhige Kreisspiele, Gedächtnis- und Aufmerksamkeitsspiele

Dreikönigsfest

Einladungen:
Ein Bild von den Heiligen Drei Königen oder von einer Krone

Dreikönigstag ist mitten im Winter, am 6. Januar. Die Drei Könige, zwei Weiße und ein Farbiger, lasen in den Sternen, dass ein neuer König geboren war, und sie machten sich auf, um ihn zu beschenken. Der Zug der Könige wird auch heute noch in vielen Gegenden nachgespielt. Dann tragen die Könige ein rotes, ein blaues und ein grünes Gewand. Mitunter gehen die Kinder als »Sternsinger« von Haus zu Haus.

Ein alter Brauch besteht darin, einen Dreikönigskuchen zu backen und zwei weiße und eine braune Bohne darin zu verstecken. Wer die Bohnen bekommt, wird König, und die anderen können Diener sein oder auch Josef und Maria spielen.

Wenn Ihr Kind im Januar Geburtstag hat, kann es ein Dreikönigsfest feiern, dann müssen Sie aber für genügend Tücher und Kostüme sorgen.
• Zuerst setzen sich die Kinder und geben ihre Geschenke ab (Seite 35).
• Danach gibt es den Dreikönigskuchen. Die Stücke müssen nach dem Anschneiden dicht beieinander bleiben, damit keiner sehen kann, wo eine Bohne

ist. Jedes Kind bekommt nun ein Stück und alle müssen sehr vorsichtig essen, damit sie die Bohnen nicht verschlucken. Werden nicht alle Bohnen gefunden, gibt es einen »gewählten« König, aber am besten schneidet man so viele Stücke, wie Kinder da sind.
• Zusammen mit den Kindern können Kronen und andere Kopfbedeckungen gebastelt werden (siehe Seite 27), und dann verkleiden sich alle.
• Jetzt kann man eine der vielen Geschichten über die Drei Könige erzählen und die Kinder spielen gleichzeitig, was sie hören (langsam und ausdrucksvoll erzählen).
• Danach ist Zeit für Spiele und zum Kuchenessen.

Variation:
Anstatt eines Theaterspiels können Sie den Zug der Könige als Ausgangsmotiv für eine Schnitzeljagd nehmen: Die Könige und ihre Diener müssen jeweils eine lange Reise machen und verschiedene Abenteuer bestehen (Aufgaben lösen). Die Kinder, die die Bohnen gefunden haben, sind als Könige die Anführer der Gruppen. Die Gruppen können Sie mit Hilfe von Abzählversen (siehe Seite 39f.) einteilen.

Spielvorschläge:
Pfänderspiel, Kreisspiele, Gedächtnisspiele, Wort- und Rätselspiele

Hexenfest
🐍 ❄ ⌂

Einladungen:
Das Bild von einer Hexe auf einem Besen oder in einem Hexenhäuschen

Hexen sehen merkwürdig aus. Sie treiben ihr Unwesen in der Dämmerung und neigen dazu, neidisch und geizig zu sein. Sie können nie genug bekommen und verzaubern alles, was sie zu packen kriegen. In den russischen Märchen kommt die Hexe Baba Jaga Knochenbein vor. Sie lässt einen gehen, wenn man ihre Fragen beantworten kann, und manchmal hilft sie einem dann sogar.

Dieses Motiv ist für ein Hexenfest natürlich gut zu gebrauchen.
• Das Fest beginnt mit der Begrüßung der Gäste und der Verteilung der Geschenke (siehe Seite 35).
• Machen Sie wenn möglich einen Raum zu einem Hexenhaus, indem Sie ihn abdunkeln und bunte Beleuchtungen aufhängen. Die Kinder gehen hinein und finden dort eine Hexe, die ihnen erzählt, dass sie sie nicht mehr aus ihrem Bann lässt, wenn sie nicht bestimmte Aufgaben lösen. Sie erzählt eine Geschichte über sich selbst. Die Motive dafür können Sie z.B. dem russischen Märchen von der Hexe Baba Jaga entnehmen.
• Die Hexe gibt den Kindern eine ganze Liste mit Aufgaben oder Fragen (siehe Seite 58, »Quiz«). Kindern in diesem Alter darf man ruhig schon etwas anspruchsvollere und schwierigere Aufgaben stellen. Die Hexe kann die Kinder auch auf eine Schnitzeljagd oder Erkundungsreise schicken (siehe Seite 89f.). Wenn alle Aufgaben erfüllt sind, lässt die Hexe die Kinder gehen, und nun ist es Zeit für Kaffee und Kuchen, für andere Spiele und vielleicht sogar für einen Hexentanz.

Spielvorschläge:
⌂ Kim, Rätselspiele, Hexenschau (Variante der »Modenschau«), Pantomime, Kartoffeldruck, Hexenmusik machen (als Variante von »Welche Band spielt zuerst?«)
♀ Fangen, Böse Hexe (als Variante von »Schwarzer Mann«), Hexlein, darf ich kommen? (als Variante von »Schiffer, darf ich überfahren?«), Bäumchen wechsel dich, Blindekuhspiele, Anna Maria Kuckuck, Aufgabenstaffeln

Sommerfest
🐍 ❀ ✂ ❄ ♀

Einladungen:
Bild eines Feuers oder eines Limonadeglases mit Strohhalm oder ein Bild von spielenden Kindern und der Sonne

Ein Sommerfest ist natürlich am schönsten, wenn das Wetter erlaubt, draußen zu feiern. Man kann draußen herrlich spielen und muss auch nicht so viel vorbereiten. Es bietet sich an zu grillen, Stockbrot zu backen (indem man Teig auf einen Stock spießt und über einem Feuer backt) oder ein Lagerfeuer zu machen. Am Feuer muss natürlich eine Geschichte erzählt werden.

Spielvorschläge:
🐍 Ballspiele, Fangen und andere Geländespiele, Staffeln
❀ Geländespiele

Ruhige Spiele:
Äpfel schnappen, Ringwerfen, Büchsenwerfen, Übergabestaffeln

Bei sehr warmem Wetter:
Spiele mit Wasser, z.B. Feuerwehrmänner

Drachenfest
🐍 ❀ ❄ ⌂ ♀ ✠

Einladungen:
Bild eines Drachen

Auch über Drachen werden Sie viele Geschichten finden, die als Grundlage für ein Drachenfest dienen können. Wenn Sie keine kennen, finden Sie sie mit Hilfe eines Stichwortkatalogs in der Bibliothek. Bekannt sind die Legende von Michael und dem Drachen und »Die zwei Brüder« von den Gebrüdern Grimm.

Das Motiv des Drachen hat viel mit dem Herbst zu tun. Der Drache versucht immer wieder, das Leben und die Ernte zu vernichten, und muss deshalb besiegt werden.

Bei uns hat das Wort »Drache« (bzw. »Drachen«) noch eine zweite Bedeutung: Auch der Papierdrachen hat seine Zeit im Herbst, und das Element des Windes muss »besiegt« werden, damit er fliegen kann.

Dieses Fest sollte drinnen beginnen und dann möglichst bald draußen weitergehen. Wenn die Geschenke abgegeben wurden (siehe Seite 35), gibt es mehrere Möglichkeiten: Entweder Sie lassen Drachen steigen oder Sie veranstalten eine »Drachenjagd«.

Drachensteigen

»Wenn der frische Herbstwind weht, geh'n wir auf die Felder ...« Ältere Kinder können bereits selbst Drachen bauen. Das muss aber gut vorbereitet sein. Sorgen Sie dafür, dass genügend Material vorhanden ist. 30 bis 40 Minuten braucht man schon, um einen einfachen Drachen zu bauen (siehe Seite 67). Mit den Kleineren können Sie Wurfzapfen basteln (siehe Seite 64).

»Drachenjagd«

Bei gutem Wetter sollte die Drachenjagd am besten draußen stattfinden, aber bei sehr schlechtem Wetter geht es auch drinnen (siehe »Schnitzeljagden«, Seite 89ff.). Die Kinder sollen den Drachen, der meistens irgendwo in seiner Höhle liegt und schläft, suchen. Sie folgen seinen Fußstapfen und müssen sehr leise und umsichtig sein, damit sie den Drachen nicht aufwecken. Während des Spiels müssen die Kinder Dinge suchen oder herstellen, mit deren Hilfe sie den Drachen besiegen können. Was sie basteln oder suchen, ist sehr von ihrem Alter abhängig. Die Jüngeren können z.B. Früchte wie Kastanien, Eicheln oder auch bunte Blätter sammeln und diese in einem Kreis um den Drachen legen. Damit ist seine Kraft gebrochen.

Spielvorschläge:

⌂ einfache Gruppenspiele, Kreisspiele, Gedächtnis- und Aufmerksamkeitsspiele
♀ Ballspiele, Geschicklichkeitsspiele, Laufstaffeln, einfache Gruppenspiele

Arche Noah

Einladungen:
Bild von der Arche Noah mit mehreren Tieren

Noah baute mit seinen drei Söhnen eine große Arche, in der von jeder Tierart ein Männchen und ein Weibchen wohnen konnten, während die Arche auf den Fluten schwamm.

Zu diesem biblischen Motiv kann man mit Sieben- bis Neunjährigen herrlich einen ganzen Nachmittag basteln.
• Nach dem Auspacken der Geschenke setzt man sich mit allen Kindern um den Tisch und erzählt ihnen die Geschichte von Noah.
• Dann werden aus unterschiedlichen Materialien die Arche und die Tiere gebastelt. Für die Arche kann man Pappe nehmen, die von Klebeband, Leim oder Klemmen zusammengehalten wird. Wenn sie fertig ist, dürfen die Kinder sie zusammen anmalen. Es soll kein Modellboot werden, Hauptsache, die Kinder haben Spaß dabei.
• Die Tiere kann man ebenfalls aus Karton herstellen, oder aber man knetet sie aus den unterschiedlichsten Materialien, z.B. aus schnell trocknendem Ton.

• Wenn alles fertig ist, kann man den Kindern erzählen, dass Noah die Tiere während der langen Zeit auf dem Wasser mit Spielen beschäftigt hat.
• Da es von jeder Art zwei Tiere gab, bietet es sich an, die Kinder in zwei Tiergruppen einzuteilen. Dafür kann man (selbst gemachte) Tierkarten benutzen. Man malt zwei von jeder Sorte, legt sie in einen Korb und lässt die Kinder ziehen. In beiden Gruppen ist jede Tierart einmal vertreten.
• Am Ende des Festes steht die Arche wieder auf trockenem Boden und die Tiere dürfen in die Welt hinaus ziehen. Jedes Kind darf seine selbst gemachten Tiere mit nach Hause nehmen.

Spielvorschläge:
Alle Vögel fliegen hoch, Piek den Esel, Katz und Maus, Armer schwarzer Kater, Hund und Katz, Fuchs und Gänse, Tiermemori (eventuell selbst gemalt), Staffeln mit Fortbewegungsarten der Tiere (kriechen wie eine Raupe, springen wie ein Frosch oder ein Känguru, mit einem Kissen auf dem Bauch), Pferde beschlagen, Pferd und Reiter

Musikparty

Einladungen:
Das Bild eines Instruments oder eines Popstars

Wenn Sie musikalische und kreative Kinder haben, kann ein Fest auch ganz im Zeichen der Musik stehen.

Mögliche Programmpunkte:
• Ein Quiz mit Fragen zu Komponisten, Interpreten und Liedern (siehe Seite 58, »Quiz«).
• Sie können auch Stücke spielen und die Kinder raten lassen, von wem sie sind oder welche Gruppe sie spielt.
• Lassen Sie die Kinder mit verbundenen Augen raten, welches Instrument sie hören.
• Die Kinder sollen zu einer bekannten Melodie einen eigenen Text erfinden.

Spielvorschläge:
Spiele mit Musik, Welche Band spielt zuerst?, Rätselspiele, Blindekuhspiele, Staffeln

Modenschau

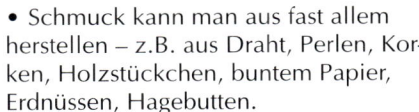

Einladungen

Das Bild eines Mannequins oder eines von Nähutensilien

So ein Fest ist nicht nur für Mädchen, auch Jungen können Spaß daran haben.
• Die Kinder werden in Gruppen eingeteilt und sollen sich gegenseitig einen Hut, ein Kleidungsstück oder ein Accessoire basteln.
• Kleidung kann man aus Papier, z.B. Zeitungs- oder Toilettenpapier, oder alten Stoffresten anfertigen und sie zusammentackern, -kleben oder -nähen.

• Schmuck kann man aus fast allem herstellen – z.B. aus Draht, Perlen, Korken, Holzstückchen, buntem Papier, Erdnüssen, Hagebutten.
• Die Kinder können sich auch gegenseitig schminken.
• Wenn alles fertig ist, beginnt die Modenschau: Die Kinder dürfen als Mannequins ihre Kreationen vorführen. Es ist herrlich für sie, wenn dabei Musik spielt und wenn die Teilnehmer am Schluss z.B. ein Polaroidfoto von sich selbst mitnehmen können.

Spielvorschläge:

Die Kinder sind die meiste Zeit mit Basteln beschäftigt, so dass ein paar fröhliche Bewegungsspiele für gute Abwechslung sorgen:
Blinzeln, Die Reise nach Jerusalem, Tauziehen, Bello, du hast deinen Schlüssel verloren, Das Glöckchen läutet, Die Wahl des blinden Mannes, Pass auf!, Wer kriegt sein Buch?, Über die Grenze ziehen, Äpfel und Birnen

Indianerfest

Einladungen:

Abbildung von Indianerschmuck oder von einem Indianerzelt

Ein Indianerfest eignet sich besonders für ältere Kinder. Machen Sie mit einer einleitenden Geschichte deutlich, dass das nichts mit Gewaltspielchen zu tun hat – vielmehr zeichnen sich die Indianer durch ein umfassendes Wissen über die Vorgänge in der Natur aus. Ihre Kenntnis der Naturzusammenhänge macht sie zu äußerst weisen Menschen. Sie können sich außerdem lautlos und unauffällig bewegen.
• Bei diesem Fest kann man zwei (oder mehr) Gruppen in einen Wettstreit miteinander treten lassen.
• Zu Beginn des Festes bastelt sich jeder einen Kopfschmuck, oder Sie bitten die Kinder schon in der Einladung, als Indianer verkleidet zu kommen. Schreiben Sie eventuell eine Bastelanleitung für einen Kopfschmuck mit auf die Einladung.
• Eine Schnitzeljagd durch den Wald oder einen Park bietet sich für ein solches Fest an. Schicken Sie die »Indianer« z.B. auf Nahrungssuche.
Nehmen Sie für die Markierungen natürliches Material. Wird die Schnitzeljagd mit zwei Gruppen durchgeführt, müssen diese darauf achten, dass die andere Gruppe sie nicht sehen kann.

Spielvorschläge:

Ein Indianerzelt bauen, Stockbrot backen (Teig auf einen Stock spießen und über dem Feuer backen; suchen Sie eine Stelle, wo ein Lagerfeuer erlaubt ist), einen Stock oder Totempfahl schnitzen. Staffeln, bei denen es vor allem auf Geschicklichkeit ankommt, Musikinstrumente basteln (Trommeln, Flöten oder Samba-Rasseln)

7. Einladungen, festliche Kopfbedeckungen, Girlanden und Geschenke

Einladungen

▶ *Briefkarten und Umschläge, Messer, Bunt- und/oder Wachsstifte, Materialien für Collagen, Luftballons*

Je nach Menge der Einladungen kann man den Text von Hand schreiben (das ist persönlicher) oder ihn fotokopieren. Die Möglichkeiten, die Einladungen anschließend zu verzieren, sind nahezu unbegrenzt. Ab einem bestimmten Alter können die Kinder auch mithelfen.

Auf der Einladung sollten Sie folgende Informationen unterbringen:
• den Anlass des Festes
• die Adresse
• Datum, Anfangszeit und Dauer des Festes
• die Bitte um Rückmeldung, ob das Kind kommt
• spezielle Bitten oder Anweisungen für das Fest
• eventuell Fragen nach Allergien
• eventuell Vorschläge für Geschenke

Vergessen Sie außerdem nicht:
• vorher zu überprüfen, ob die Einladung in einen Umschlag passt
• den Namen des eingeladenen Kindes auf den Umschlag zu schreiben
• überzählige Einladungen zu schreiben, falls noch ein Kind mehr eingeladen werden soll.

Malen oder zeichnen
Sind die Briefkarten weiß oder getönt, kann Ihr Kind etwas darauf malen oder zeichnen oder sie mit buntem Papier bekleben. Wenn Sie wollen, dass die Karten eine originelle Form bekommen, können Sie vorher etwas ausschneiden oder reißen. Vor allem bei einem Fest mit einem Motto ist es wichtig, dass die Bilder auf der Einladung etwas mit diesem Thema zu tun haben.

Collagen
Ältere Kinder können für die Einladungen Collagen aus Papier, Stoffresten, Blättern oder anderen Dingen kleben.

Kartoffeldruck
Mit einem Kartoffelstempel lassen sich viele Motive in unterschiedlichen Farben drucken. Ein solcher Stempel wird aus einer halben Kartoffel hergestellt (siehe »Kartoffeldruck«, Seite 66).

Rebus
Kinder zwischen sieben und neun lieben es, Rätsel zu lösen und auch Rätsel zu erfinden. Man kann mit ihnen eine Einladung entwerfen, die die Informationen in Form eines Bilderrätsels weitergibt.

Luftballon
Die Einladung wird mit Filzstift auf einen Ballon geschrieben. Man kann auch noch etwas dazuzeichnen. Wenn die Farbe trocken ist, lässt man wieder die Luft aus dem Ballon und klebt ihn auf eine Briefkarte. Der Empfänger kann den Text erst lesen, wenn er den Ballon aufgeblasen hat.

Sonnenblende
Man schneidet die Form einer Sonnenblende aus (siehe Schnitt auf Seite 28), malt auf die eine Seite ein Bild, das zum Motto des Festes passt, und schreibt auf die andere den nötigen Text. Nun sticht man neben der linken und rechten Außenkante Löcher in den Karton, zieht ein dünnes Gummiband hindurch und knotet die Enden zusammen.

Puzzle
Sie können in alten Zeitschriften Bilder suchen, die mit dem Thema des Festes zu tun haben, und diese auf eine Briefkarte kleben. Auf die Rückseite schreiben Sie die Einladung und schneiden das Ganze in Puzzlestücke. Der Gast muss das Puzzle dann zusammensetzen, um die Einladung lesen zu können.

Urlaubskarte
Wenn Ihr Kind in oder direkt nach den Ferien Geburtstag hat, können Sie die Einladung auf schöne Urlaubskarten schreiben.

Festliche Kopfbedeckungen

▶ *fester, farbiger Karton oder Gold-karton, buntes Papier, Zeitungspapier, Bunt- und / oder Wachsstifte, Messer, Gummiband, Tacker, Klebstoff*

Originelle Kopfbedeckungen bringen Farbe in ein Fest. Jedes Kind bekommt bei seiner Ankunft einen Hut oder etwas Ähnliches. Man kann die Kopfbede-ckungen auch während des Festes mit den Kindern zusammen basteln.

Krone oder Stirnband

• Man braucht einen bunten Karton von 6 x 65 cm. Der Streifen muss immer so lang sein, dass die Enden noch ein Stück-chen übereinander ragen, wenn man ihn dem Kind um den Kopf legt, damit er zusammengeheftet werden kann.
• Für eine Krone schneidet man an einer Seite Dreiecke aus, so dass die Zacken der Krone entstehen (Abb. 1). Für ein Stirnband kann man den Streifen bekle-ben oder bemalen oder auch eine Figur auf die Vorderseite kleben, z.B. einen Tierkopf (Abb. 1).

Spitzhut mit und ohne Rand

Auf Abb. 2 sehen Sie einige einfache Spitzhüte.
• Man schneidet einen Kreis aus festem Papier oder Karton. Je kleiner der Durch-messer, umso kleiner auch der Hut (siehe Abb. 3).
• Dann schneidet man einen Keil in den Kreis, der bis zur Mitte geht. Je größer der Keil, desto spitzer der Hut. Der ein-fachste Hut hat einen Durchmesser von ca. 40 cm. Wenn Sie den Kreis halbie-ren, können Sie zwei Hüte daraus bas-teln.
• Kleben Sie die geraden Seiten über-einander und stechen Sie in den unteren Rand zwei Löcher für das Gummiband.
• Will man einen Hut mit Krempe haben, zeichnet man den Umfang des Hutes auf einen Karton und dann einen zweiten, etwa 5 cm größeren Kreis darum herum. Diesen Streifen schneidet man aus, lässt aber an der Innenseite einen zusätzlichen Rand von 1,5 cm stehen. In diesen Innenrand schneidet man kleine Keile und klebt den Karton an die Innenseite des Hutes. Man kann die Keile auch in den Rand des Hutes schneiden und die Krempe darüber-kleben (Abb. 4).

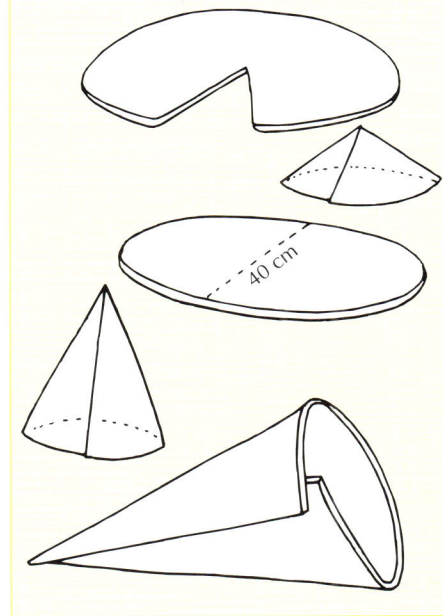

Abb. 3

Abb. 1

Abb. 2

Abb. 4

Sonnenblende

Man schneidet die Form einer Sonnenblende aus (siehe Abb. 6) und befestigt
ein Gummiband oder zwei einzelne
Gummis an beiden Seiten, die man dann
zusammenbindet.
Sind Mannschaftsspiele für das Fest
geplant, kann man jeder Mannschaft
Sonnenblenden in einer bestimmten
Farbe basteln.

Hüte falten

Man faltet ein Blatt Papier (40 x 50 cm)
der Länge nach zusammen und öffnet es
wieder. Danach wird es der Breite nach
zusammengelegt, wie es auf Abb. 5a
gezeigt wird. Falten Sie dann die Ecken
A und B zur Mitte.
Die Streifen, die überstehen, faltet man
nach oben, den einen auf der einen, den
anderen auf der anderen Seite. Nun klebt
man die überstehenden Ecken eine nach
der anderen auf der jeweils gegenüberliegenden Seite fest (siehe Abb. 5b).

Variation: Jägerhut

Mit zwei Griffen können Sie den Hut
verändern: Ziehen Sie die Punkte C und
D zueinander und legen Sie sie auf
Punkt E. Nun ziehen Sie den Hut wieder
auseinander (Abb. 5f und g).

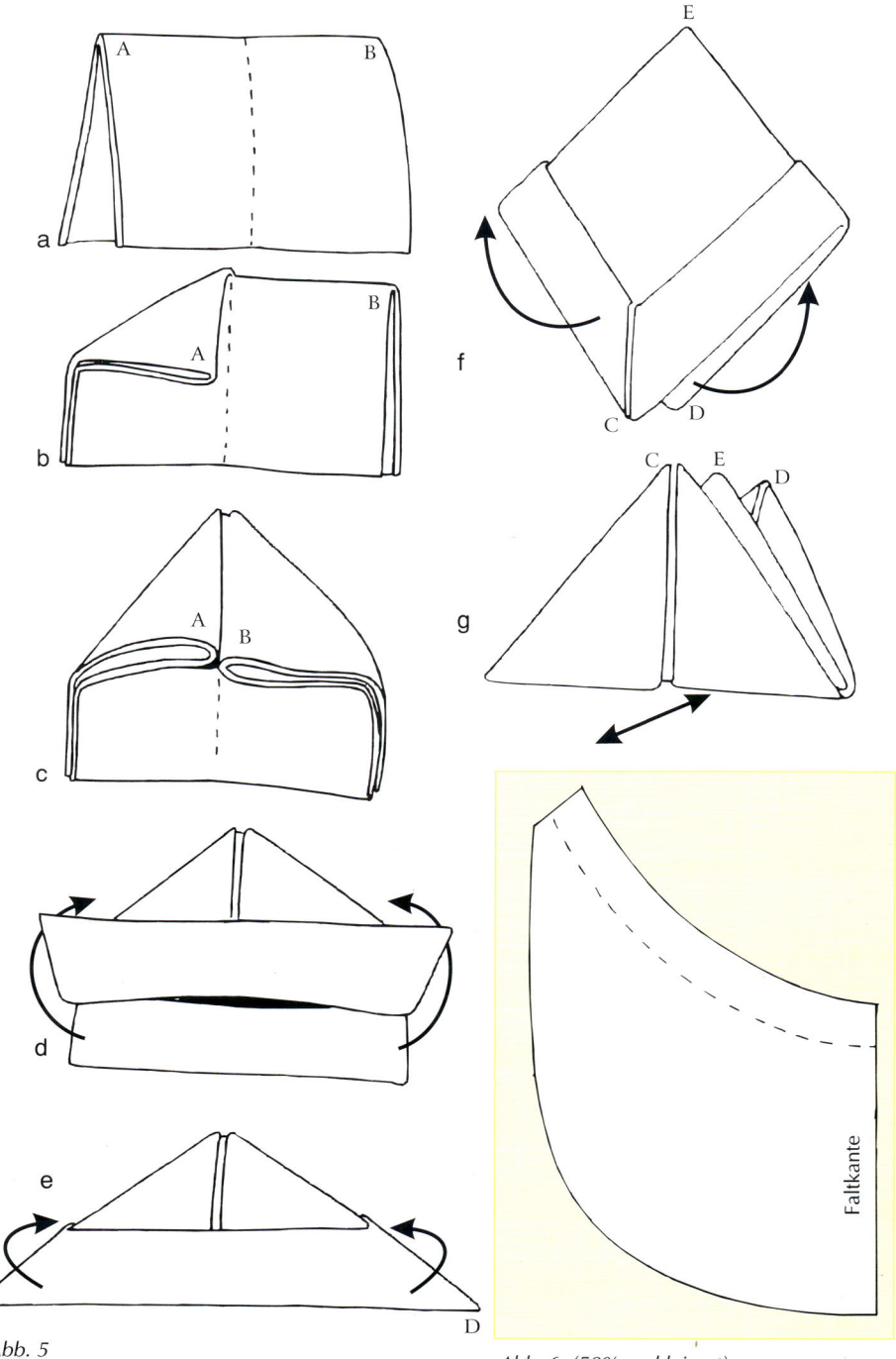

Abb. 5

Abb. 6 (50% verkleinert)

Faltkante

28

Girlanden und andere Verzierungen

Girlanden selbst zu basteln ist nicht schwierig. Um einen ganzen Raum zu schmücken, braucht man aber meist viele und lange Girlanden. Es kann großen Spaß machen, sie zusammen mit den Kindern zu basteln, auch wenn man die angefangene Arbeit am Schluss doch selbst fertig machen muss. Das Basteln der Girlanden kostet Sie sicherlich einige Nachmittage oder Abende.

Girlande aus Krepp-Papier

▶ Krepp-Papier, Klebestift, Karton, Schnur

Diese Girlande ist einfach anzufertigen. Krepp-Papier gibt es in vielen Farben zu kaufen. Man schneidet die Rollen in 5 cm breite Streifen und hat jetzt lauter kleine Rollen Krepp-Papier.
• Diese schneidet man an beiden Seiten in Abständen von einem Zentimeter ungefähr ein Drittel ihrer Breite ein. Dann rollt man sie auseinander und klebt mehrere aneinander fest. Die Enden werden mit einem Stück Pappe verstärkt.
• Wenn man die Girlanden beim Aufhängen mehrmals um sich selbst dreht, springen die Einschnitte auf. In die Pappstücke am Ende sticht man ein Loch, zieht einen Faden hindurch und hängt die Girlande auf (Abb. 7).

Variation: Zweifarbige Girlande

Diese Girlande wird besonders schön, wenn man nach dem Einschneiden zwei verschiedenfarbige Streifen Krepp-Papier aufeinander legt und sie zusammen um sich selbst dreht (siehe Abb. auf Seite 31).

Girlande aus Papierringen

▶ buntes Papier oder Faltblätter, Karton

Diese Girlande kann man schon mit ganz kleinen Kindern basteln.
• Man schneidet buntes Papier in 4 x 20 cm große Streifen. Die Enden eines Streifens werden zusammengeklebt, so dass ein Ring entsteht. Sowohl die Länge als auch die Breite der Streifen ist variabel.
• Der nächste Streifen wird vor dem Zusammenkleben durch den ersten Ring gezogen und dann selbst zu einem Ring geklebt. So geht es weiter, bis die Girlande die gewünschte Länge hat (siehe Abb. 8).

Fächergirlande mit Jungen- oder Mädchenfiguren

▶ buntes Papier

Für diese Girlande braucht man eine ganze Menge Papierstreifen, damit sie lang genug wird.
• Man schneidet Streifen von ca. 16 cm Breite und faltet sie fächerartig zusammen, wobei ein Segment ca. 12 cm breit sein sollte.
• Nun faltet man ein Stück festes Papier von 12 x 16 cm Größe der Länge nach zusammen und zeichnet die Hälfte eines Jungen oder eines Mädchens darauf. Die Faltkante bildet die Mittelachse der Figur; Hände und Füße müssen bis zum Rand reichen (siehe Schnittmuster auf Seite 30). Diese Figur schneidet man aus, faltet sie auseinander, und fertig ist die Vorlage.
• Diese Vorlage wird nun auf den gefalteten Streifen übertragen und die Figur dann ausgeschnitten (Abb. 9). Man achte darauf, die Hände und Füße bis an

Abb. 7

Abb. 8

Abb. 9

die Ränder reichen zu lassen! Wenn man das Päckchen auseinander zieht, hat man eine ganze Reihe von Kindern, die sich an den Händen halten.

• Auf dieselbe Weise bastelt man mehrere Streifen und klebt sie dann zusammen, bis die Girlande die gewünschte Länge hat.

• Soll die Girlande sehr lang sein, zieht man einen Draht durch die Mitte, damit sie nicht reißen kann.

Variation 1: Girlande mit Jungen und Mädchen

Auf Abb. 10 sieht man eine Figur, die sowohl einen Jungen als auch ein Mädchen darstellen kann.

Abb. 10 (70% verkleinert)

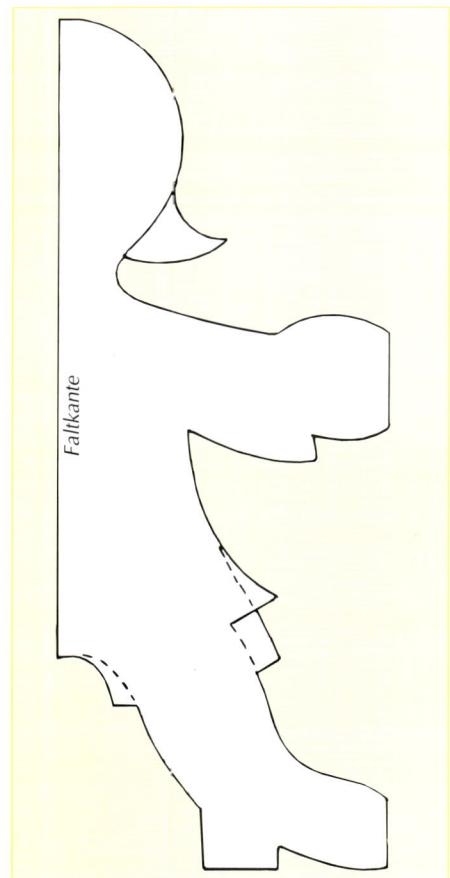

Faltkante

Man zeichnet nun die jeweils äußersten Umrisse dieser Figur auf das gefaltete Papier und schneidet sie aus. Dann faltet man die Girlande auseinander und schneidet bei jedem zweiten Püppchen einen Rock bzw. Hosenbeine aus (gestrichelte Linien). Wenn Sie nun bei den Jungen noch die langen Haare abschneiden, haben Sie eine Girlande mit Jungen und Mädchen.

Variation 2:

Man kann diese Girlande natürlich auch mit anderen Motiven versehen, die zum Thema des Festes passen: mit einem Tier, einem Drachenkopf, einer Hexe oder mit einer Acht, wenn das Geburtstagskind acht geworden ist.

Girlande aus Wimpeln

▶ *dünne Schnur, buntes Papier oder Faltblätter*

Abb. 11

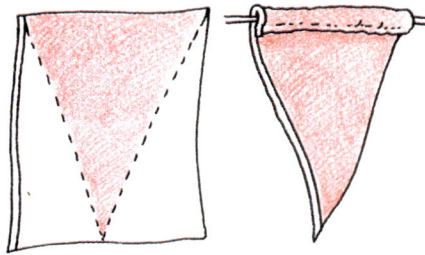

Abb. 12

• Man schneidet aus buntem Papier Wimpel von 10 x 15 cm oder 15 x 20 cm Größe, wie sie auf Abb. 12 zu sehen sind.

• Die Oberkante der Wimpel wird um die Schnur geklebt – fertig!

Girlande aus Faltblättern

▶ *Faltblätter*

Diese Girlande ist einfach anzufertigen:

• Man faltet die Faltblätter in der Länge und der Breite einmal.

• Nun schneidet man sie so ein, wie es auf Abb. 11 zu sehen ist.

• Die Blätter werden wieder aufgefaltet und mehrere davon aneinander geklebt: Das erste und zweite klebt man an den Ecken zusammen, das zweite und dritte, indem man die Mittelstücke miteinander verbindet usw.

Luftballonstrauß

Ein Strauß aus bunten Luftballons kann eine sehr schöne Dekoration sein, vor allem draußen neben der Haustüre.

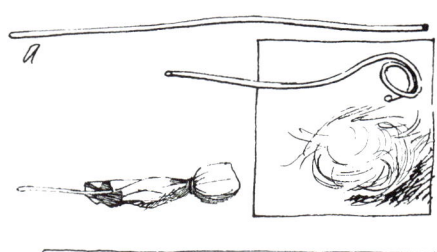

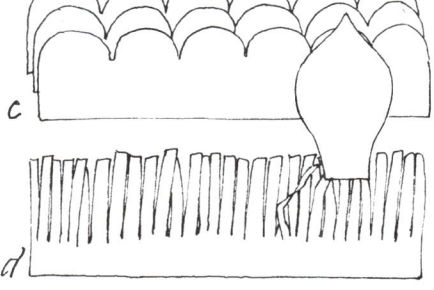

Abb. 13

Abb. 14

Papierblumen

 verschiedenfarbiges Seidenpapier, Kupferdraht (0,8 mm dick), Klebstoff, festes Garn, Watte, eine kleine, spitze Zange, Bindedraht (0,25-0,35 mm)

• Für den Stiel der Blumen nimmt man Kupferdraht, biegt ihn an einem Ende mit der Zange zu einer kleinen Schlaufe und wickelt Watte darum (Abb. 13a).
• Über diese Kugel legt man ein quadratisches Stück Seidenpapier und bindet es unter der Kugel am Stiel zusammen.
• Nun wählt man eine Farbe für die Blütenblätter und schneidet einen Streifen dieser Farbe aus dem Seidenpapier. Die Breite des Streifens bestimmt die Höhe der Blüte; sie sollte am besten ca. 4-5 cm betragen. Nun faltet man den Streifen fächerartig zusammen, so dass die Segmente der gewünschten Breite der Blütenblätter entsprechen (2-4 cm).

• Dann schneidet man an der schmalen Seite eine runde oder spitze Form aus oder man schneidet alles in Fransen – je nachdem, welche Blütenform man haben möchte (Abb. 13b-d).
• Das Papier wird auseinander gefaltet und das eine Ende mit etwas Kleber am Stiel der Blume festgeklebt. Dann wickelt man den Streifen um den Stengel, indem man ihn leicht ankraust, d.h. zusammenschiebt.
• Das andere Ende wird dann wieder festgeklebt. Wenn die Blume noch zu mickerig aussieht, kann man noch einen Streifen zuschneiden und darüberkleben.
• Den unteren Rand der Blütenblätter befestigt man am Stengel, indem man ihn mit Draht umwickelt. Dann zupft man die Blätter zurecht.
• Um den Stengel wird etwas grünes Papier gewickelt. Fügen Sie eventuell ein paar grüne Blätter hinzu.

Selbst gemachte Geschenke zum Mitnehmen

Im 5. Kapitel wurden Geschenke aufgezählt, die Sie den Kindern mit nach Hause geben können. Die Festkronen, die Papierblumen und die Wurfzapfen werden auf den Seiten 27, 31 und 64 beschrieben. Alle anderen Geschenke zum Selberbasteln finden Sie hier: Filz-Zwerge, selbst gezogene Kerzen, Wollpüppchen und Transparente.

Filz-Zwerge

▶ Pfeifenreiniger, unlackierte Holzperlen (Durchmesser ca. 12 und 5 mm), Filz, ungesponnene Schafwolle, Nähgarn, Klebstoff

• Man knickt einen Pfeifenreiniger in der Mitte um und klebt auf die Seite mit dem Knick eine Holzperle von ca. 12 mm Durchmesser (Abb. 16a).
• Nun biegt man einen zweiten Pfeifenreiniger auf Halshöhe um den ersten

Abb. 15

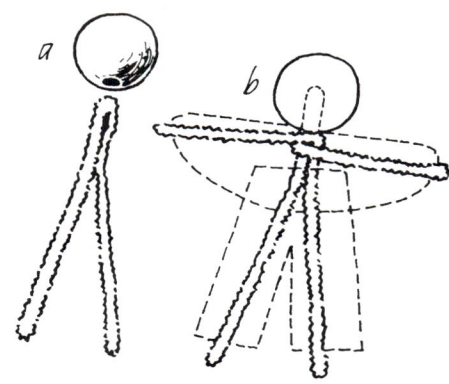

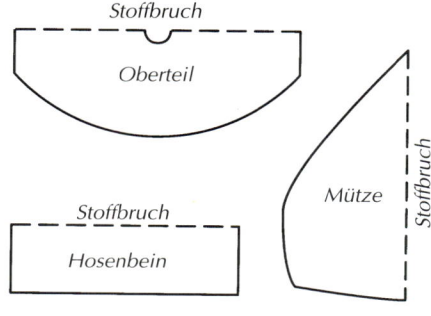

Stoffbruch

Oberteil

Stoffbruch

Hosenbein

Mütze

Stoffbruch

Abb. 16

herum und schneidet dann Arme und Beine auf die richtige Länge (Abb. 16b).
• Schneiden Sie zwei Hosenbeine aus doppelt gelegtem Filz aus. Die Hose reicht bis unter die Achseln. Man legt die Hosenteile um die Beine und näht sie zusammen.
• Jetzt schneidet man das Oberteil dem Schnittmuster entsprechend aus, legt es über die Schultern und näht es unter den Armen und am Rücken fest.
• Dann wird die Zipfelmütze ausgeschnitten und zusammengenäht. Haare und einen Bart erhält der Zwerg, indem man ihm ungesponnene Schafwolle an den Kopf klebt. Anschließend leimt man die Mütze darauf fest.
• Auf die Enden der Pfeifenreiniger werden kleine Perlen als Hände und Füße geklebt.

Selbst gezogene Wachskerzen

▶ Bienenwachs oder Reste von Stearin- oder Wachskerzen, Docht oder dickes Baumwollgarn, schmale, hohe Büchsen, ein Topf mit heißem Wasser, Stövchen oder Fonduekocher

Vor allem in der dunklen Jahreszeit ist es schön, Kerzen zu ziehen. Echte Wachskerzen duften wunderbar. Kerzenziehen ist eine Beschäftigung, die Kinder sehr lieben, aber sie erfordert einige Geduld, da das Wachs immer wieder abkühlen muss, bevor man die Kerze von neuem eintaucht.
• Lassen Sie das Wachs im Wasserbad in einer hohen, schmalen Büchse schmelzen.
• Decken Sie einen Tisch mit Zeitungspapier ab und stellen Sie das flüssige Wachs im Wasserbad darauf. Da das Wachs schnell wieder fest wird, sollten Sie es ständig auf einem Stövchen warm halten und zusätzlich eine zweite Büchse mit geschmolzenem Wachs auf dem Herd bereithalten.
• Nun schneidet man ein Stück Docht oder Baumwollgarn ab und zieht es mit beiden Händen gerade.

Abb. 17

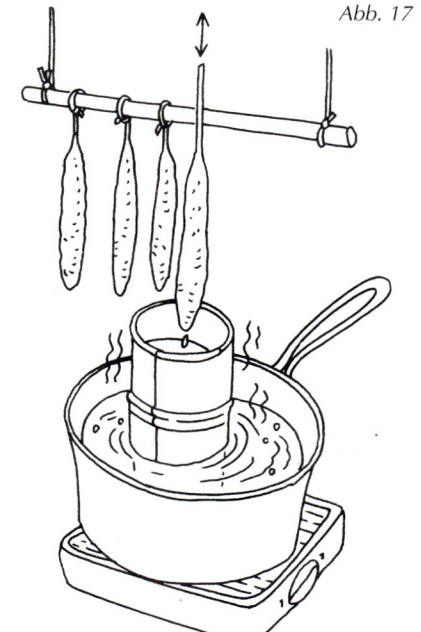

• Man taucht den Docht ins Wachs und lässt ihn etwas abkühlen, bevor man ihn erneut eintaucht. Zieht man den Docht zu früh wieder heraus, bleibt wenig Wachs an ihm hängen – bleibt er zu lange darin, dann schmilzt das Wachs der Kerze wieder und sie wird dünner anstatt immer dicker.

• Lage für Lage wird die Kerze aufgebaut. Je höher die Büchse, umso länger können die Kerzen werden. Am Schluss lässt man sie gut abkühlen. Das kann einige Stunden dauern. Sie bleiben schön gerade, wenn man sie dabei am Docht aufhängt.

Wollpüppchen

▸ *dicke Strickwolle in verschiedenen Farben, buntes Garn, fester Karton*

• Für die Arme wickelt man ein Stück Strickwolle ungefähr 20-mal um einen Karton von 6 cm Breite. Die Enden zieht man mit einem Stückchen Garn zusammen. Nachdem man die Wolle von dem Karton genommen hat, bindet man im Abstand von ca. 1 cm zu den Enden auf beiden Seiten die Hände ab.

Abb. 18

• Nun wird um ein Stück Pappe von 8 cm Breite etwa 40-mal die Wolle für Kopf, Ober- und Unterleib gewickelt. Da, wo nachher der Kopf sein soll, bindet man die Wollfäden wieder mit Garn zusammen. Dann nimmt man das Ganze von der Pappe ab. 2 cm unterhalb des Kopfendes wird der Hals abgebunden.

• Die Arme werden jetzt in die Schlaufe unter die Abbindestelle am Hals gelegt, anschließend wird die Taille abgebunden (Abb. 19).

• Nun bestimmt man, ob das Püppchen einen Rock oder Hosenbeine haben soll. Für ein Püppchen mit Rock müssen die Schlaufen an der Unterseite aufgeschnitten werden. Für ein Püppchen mit Hosenbeinen wird die Schlaufe geteilt, und genauso wie bei den Händen werden die Füße abgebunden.

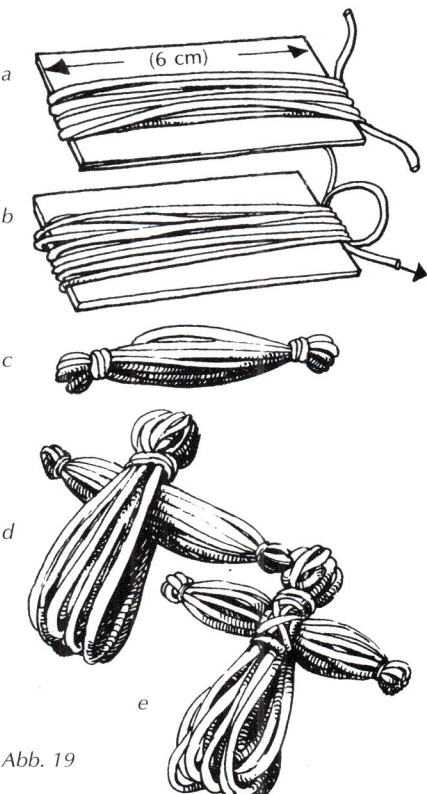

Abb. 19

Transparent

▸ *fester, einseitig farbiger Karton, buntes Seidenpapier, Transparentpapier, Gräser und gepresste Blätter, Leim oder Klebestift*

Ein Transparent ist ein Bild, das ganz oder teilweise aus durchsichtigem Papier besteht. Wenn man eine Kerze dahinter aufstellt oder es an ein Fenster hängt, erzielt man herrliche Effekte. Als Motiv kann man etwas wählen, das mit dem Thema des Festes oder auch mit der Jahreszeit zu tun hat.

Mit Gräsern, kleinen Zweigen und getrockneten Blättern kann man ein wunderbares Herbsttransparent basteln (siehe Abb. 20).

Variation 1: Fenstertransparent aus Seidenpapier

Skizzieren Sie das Bild, das Sie gestalten wollen, mit Bleistift auf das Transparentpapier. Aus Seidenpapier werden kleine Schnipsel oder Elemente des Bildes gerissen und aufgeklebt. Durch das Übereinanderkleben verschiedenfarbiger

Abb. 20

Papierstückchen ergeben sich interessante Farbeffekte. Zum Schluss wird der Rand geradegeschnitten und hinter einen Rahmen aus festem Karton geklebt (siehe Abb. 20a).

Variation 2: Tischtransparent

Ein solches Transparent wird genauso gemacht wie ein Fenstertransparent, es soll aber mit einer Kerze dahinter auf dem Tisch stehen. Um es zum Stehen zu bringen, muss man einen Rahmen mit Seitenteilen anfertigen, die umgeknickt werden. Auf Abb. 20b ist ein dreiflügeliges Transparent zu sehen.

Körbchen aus Pappe

▶ *dünne Pappe, z.B. DIN A4-Format, Klebstoff*

• Falten Sie die Pappe je einmal der Länge und der Breite nach.
• Dann faltet man alle vier Seiten nacheinander bis zur Mittellinie und stellt die Längsseiten senkrecht. Wenn man nun auch die kurzen Seiten aufstellt, entsteht eine Ecke, die man nach innen legt und festleimt.
• Knicken Sie den Streifen, der an der kurzen Seite übersteht, nach innen und kleben Sie ihn fest.
• Ein Streifen Pappe dient als Henkel und wird außen an den Längsseiten festgeklebt (siehe Abb. 21).

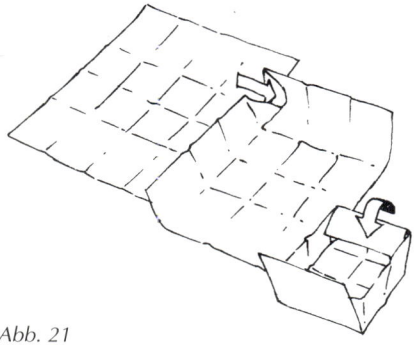

Abb. 21

Tüten

▶ *schönes Geschenkpapier*

Die Größe des Papiers richtet sich danach, was in die Tüten hineinpassen soll. Wenn Sie DIN A4-Blätter nehmen, passen ca. 200 Gramm Bonbons hinein.
• Die kurze Seite wird diagonal gefaltet, so dass sie 1 cm über die lange Kante hinausragt. Den überstehenden Streifen knickt man um und klebt ihn fest.
• Der Papierstreifen, der über den oberen Rand der Tüte hinausragt, wird abgeschnitten.
• Nun kann man das Tütchen noch mit einem Etikett versehen, auf dem der Name des Kindes steht (Abb. 22).

Säckchen aus Papierservietten

▶ *Papierservietten in verschiedenen Farben oder Dessins, Geschenkband*

Abb. 22

Abb. 23

Man legt zwei (eventuell verschiedenfarbige) Servietten so aufeinander, dass ein achtzackiger Stern entsteht, gibt die Süßigkeiten in die Mitte, fasst die Ecken der Servietten zusammen und bindet Geschenkband darum, an dem ein Schildchen mit dem Namen des Kindes befestigt wird (siehe Abb. 23).

8. Das Programm

Der Ablauf des Festes

Der Ablauf des Festes kann in groben Zügen folgendermaßen aussehen:

- Geschenke auspacken
- (eventuell eine gemeinsame Mahlzeit)
- Einführung in das Thema des Festes oder das Festprogramm
- (eventuell Spiele zum Kennenlernen oder Lückenfüller)
- Spielprogramm mit aktiven und ruhigen Abschnitten
- Kuchen essen
- Abschluss

Empfang der ganz kleinen Gäste

Wenn Sie das Kind begrüßt haben, können Sie mit demjenigen, der es gebracht hat, verabreden, wie und wann es wieder abgeholt wird. Manche Kinder brauchen noch Hilfe beim Ausziehen der Jacken. Bei den Kleinen sollten Sie außerdem darauf achten, wo sie ihre Jacken hinhängen und dass alle Mützen, Handschuhe und Schals möglichst in den Jackentaschen verstaut werden. Namensschilder an den Kleiderhaken verhindern die große Sucherei am Ende des Festes. Wenn das Fest ein Motto hat, sollten Sie kurz kontrollieren, was die Kinder dabei- bzw. anhaben. Wenn Sie die Kopfbedeckungen oder Kostüme selbst gemacht haben, können Sie sie jetzt verteilen. Vor allem für kleinere Kinder ist es wichtig, dass schon Stühle im Kreis aufgestellt sind, wo sie sich gleich hinsetzen können.

Geschenke auspacken

- Lassen Sie die Kinder nicht zu lange warten, sondern fangen Sie bald mit dem Auspacken an. Nicht nur das Geburtstagskind ist ja neugierig auf seine Geschenke, auch die anderen Kinder erwarten voller Spannung, ob das Geschenk, das sie mitgebracht haben, auch gefällt. Wenn Kinder zu spät kommen, können Sie ja einen anderen passenden Moment wählen, z.B. vor oder nach dem Essen oder Kaffeetrinken.
- Kommen die Kinder gemeinsam aus der Schule, können sie sich direkt nach der Ankunft im Kreis hinsetzen. Kommen sie unabhängig voneinander, können Sie einen Gabentisch hinstellen, auf dem die Kinder die Päckchen ablegen.
- Dieser Programmpunkt dauert immer seine Zeit. Es ist für Kinder sehr wichtig, Geschenke zu bekommen, und auch das Schenken hat eine große Bedeutung für sie. Sorgen Sie dafür, dass alle Kinder die Geschenke sehen können und dass diese dann sicher auf dem Gabentisch liegen.
- Um zu vermeiden, dass die besten Freunde ihre Geschenke immer als Erste abgeben, kann man die Reihenfolge festlegen, z.B. im Uhrzeigersinn. Richtig Spaß macht es, wenn man die Reihenfolge durch ein Spiel bestimmt:

Spiele zum Geschenkeauspacken

- Das Geburtstagskind steht in der Mitte des Kreises und hält sich die Augen zu. Eines der Kinder macht ein Geräusch. Das Kind in der Mitte muss raten, wer es war. Hat es richtig geraten, darf das

erratene Kind sein Geschenk abgeben, rät es falsch, dann macht das nächste Kind im Kreis ein Geräusch.

• Das Geburtstagskind hält sich die Augen zu. Der Spielleiter zeigt auf ein Kind und fragt: »Darf sie / er dir das Geschenk geben?« Dann muss das Geburtstagskind raten, wer gemeint ist.

• Es geht auch anders: Jedes Kind gibt einen Gegenstand ab: einen Schuh, ein Kettchen oder eine Haarspange.

Das alles wird in einen Korb oder Karton gelegt und das Geburtstagskind holt sie der Reihe nach heraus. Derjenige, dessen Eigentum es in der Hand hat, darf sein Geschenk abgeben.

• Bereiten Sie einige Zwillingskarten vor und legen Sie die eine Hälfte in einen Korb. Jedes Kind nimmt bei seinem Eintreffen eine Karte. Wenn alle Kinder sitzen, hebt das Geburtstagskind von dem anderen Stapel immer eine Karte ab und das Kind, das dieselbe Karte hat, darf sein Geschenk überreichen.

Spiele zum Kennenlernen und Überbrückungsspiele

Für Kinder ab dem fünften Lebensjahr ist es wichtig, dass sie die Vornamen der anderen kennen(lernen). Auf Seite 40f. finden Sie *Spiele zum Kennenlernen,* die dafür geeignet sind.

Überbrückungsspiele (Seite 42f.) sind Spiele, die man gut spielen kann, wenn noch nicht alle Kinder da sind oder wenn zwischendurch Lücken entstehen, weil man etwas vorbereiten muss. Es sind einfache Spiele, für die man kaum Hilfsmittel braucht. Sie sind mit wenigen Worten zu erklären und so können Kinder, die später dazukommen, sofort mitmachen.

Eine gemeinsame Mahlzeit

Wenn die Kinder zusammen aus der Schule kommen und großen Hunger haben, können Sie zuerst mit ihnen essen und danach die Geschenke auspacken lassen. Sorgen Sie dafür, dass so viel wie möglich vorbereitet ist. Mit einer Sitzordnung kann man manchen Problemen zuvorkommen. Dafür sind Namenskärtchen die einfachste Lösung, man kann aber auch Tischsets mit den Namen beschriften oder Fähnchen mit den Namen darauf in Brötchen oder einen Apfel stecken.

Oft ist es auch gemütlich, ein Fest mit einer gemeinsamen Mahlzeit zu beenden.

Kaffee trinken

Kuchen essen ist meist zu jedem Zeitpunkt eines Festes willkommen. Man kann die Kinder damit zwischen zwei Spielen zur Ruhe kommen lassen, aber auch am Schluss des Festes nach einem Geländespiel oder einer Schnitzeljagd freuen sie sich über ein leckeres Stückchen Kuchen.

Zusammenstellung des Programms

Als Erstes müssen Sie entscheiden, ob das Fest unter einem Motto stehen und ob es drinnen oder draußen stattfinden soll.

Drinnen oder draußen?

Wenn es irgendwie möglich ist, sollte zumindest ein Teil eines Festes draußen stattfinden. Bei kaltem Wetter hat man mit den ganz Kleinen nicht genug Zeit, drinnen und draußen zu spielen, weil es ein bisschen dauert, bis man sie alle an- und ausgezogen hat, aber für Kinder ab fünf ist das eine herrliche Abwechslung. Draußen können Sie Spiele machen, bei denen die Kinder sich viel bewegen.

Bewegungs- und ruhige Spiele

Bewegungsspiele und ruhige Spiele sollten sich abwechseln.

Bewegungsspiele für draußen sind u.a.:
- Ballspiele
- Gruppen- und Geländespiele
- Staffeln
- Fangen, Verstecken etc.

Ruhige Spiele für draußen sind u.a.:
- einige Kreisspiele, z.B. Blinzeln
- Blindekuhspiele

Wenn das Fest in der Wohnung stattfindet, sollte man eher ruhige und kreative Spiele oder Bastelarbeiten auswählen. Bewegungsspiele sind drinnen natürlich nur begrenzt möglich. Einige Vorschläge dazu finden Sie u.a. unter den Stichworten »Bewegungs- und Nachahmungsspiele«, »Einfache Gruppenspiele« und »Aktive Spiele für drinnen«.

Spielprogramm

Am besten schreiben Sie alle Spiele, die Sie mit den Kindern machen wollen, auf eine Liste und notieren sich auch gleich die Utensilien, die man dafür braucht. Natürlich kann man kein Fest von Anfang bis Ende durchplanen, es passieren immer unerwartete Dinge. Deshalb sollten Sie immer einige Spiele in petto haben, auf die Sie zurückgreifen können, wenn den Kindern ein Programmpunkt nicht gefällt oder etwas zu schwierig für sie ist. Auch das Wetter ist manchmal ein Spielverderber. Arbeiten Sie nicht stur Ihre Liste durch, sondern achten Sie immer darauf, welche Spiele am besten klappen und ob die Kinder Spaß haben. Manchmal wollen sie ein Spiel mehrmals wiederholen und ein anderes Mal gefällt ihnen ein Spiel einfach nicht. Häufig dauert ein Programmpunkt auch länger als erwartet, wenn z.B. beim Verstecken der Letzte lange nicht gefunden wird.

Geschichten erzählen

Eine Geschichte zu Beginn eines Festes kann auf das Thema hinführen oder als Einstieg in ein Spiel oder eine Schnitzeljagd dienen. Besonders nett ist es, wenn die Geschichte Elemente (und möglicherweise auch Aufgaben) enthält, die später für die Spiele gebraucht werden oder die im Laufe des Festes wieder aufgegriffen werden. Sie können eine Geschichte auch als Abschluss des Festes erzählen oder damit die Kinder zwischendurch zur Ruhe kommen. Dann steht die Geschichte für sich alleine und es ist nicht notwendig, dass Elemente aus dem Spielprogramm darin vorkommen, es kann aber natürlich trotzdem so sein.

Eine Geschichte frei zu erzählen ist heute nicht mehr so selbstverständlich wie früher, als dies in beinahe jeder Kultur Tradition war. Heute müssen wir es oft erst wieder lernen und uns gut vorbereiten, also vorher üben. Man kann eine Geschichte auch vorlesen, aber man hat viel mehr Kontakt mit den Zuhörern, wenn man erzählt. Man sieht dann sofort, wie sie reagieren.

Wie bereitet man das Erzählen vor?

Überlegen Sie, welche Bücher Ihr Kind liest oder woraus es gerade vorgelesen bekommt, und suchen Sie dann eine Geschichte, die daran anknüpft. Oder Sie wählen etwas aus, das mit dem Thema des Festes zu tun hat. Haben Sie sich für eine Geschichte entschieden, dann lesen Sie sie über mehrere Tage immer wieder durch, bis Ihnen der Aufbau vertraut ist. Prägen Sie sich die wichtigsten Geschehnisse ein und schreiben Sie sie eventuell auf. Beim Erzählen können Sie diese Notizen als Gedächtnisstütze benutzen. Wenn Sie sehr unsicher sind, können Sie sich mit einer Fotokopie der Geschichte helfen, in der die wichtigsten Sätze markiert sind. Mit einem solchen »Spickzettel« auf dem Schoß gelingt es Ihnen sicher.

Abschluss

Manchmal gehen Feste sehr abrupt zu Ende, wenn alle Spiele gespielt sind oder wenn plötzlich die Eltern vor der Tür stehen, um ihre Kinder abzuholen. Man kann dem vorbeugen, indem man den Abschluss bewusst gestaltet und das Fest auf diese Weise »abrundet«. Es ist besser, ein Spiel zwischendurch wegzulassen, als in Zeitdruck zu geraten.

Ein guter Abschluss kann sein:
- ein ruhiges Spiel
- eine kurze Geschichte
- ein kleines Gespräch mit einem Rückblick auf das Fest
- ein kleiner Imbiss

Der Nachhauseweg

Sorgen Sie dafür, dass alle Gäste sicher nach Hause kommen. Sie sind dafür verantwortlich. Wenn Sie sich mit den Eltern genau absprechen, entstehen auch keine Missverständnisse über die Abholzeit. Manchmal müssen Sie selbst dafür sorgen, dass die Gäste nach Hause kommen. Bei etwas älteren Kindern müssen Sie sich vergewissern, ob sie auch allein nach Hause gehen dürfen.

Durch genaue Angaben auf den Einladungen über Anfang und Ende des Festes können Sie Probleme vermeiden. Treffen Sie verbindliche Absprachen mit den Eltern, die ihre Kinder nicht selbst abholen können.

Vorher ausprobieren

Wenn Sie sicher sein wollen, dass Sie alles im Haus haben, was für die Spiele benötigt wird, und dass die Sachen auch brauchbar sind, müssen Sie vorher alles ausprobieren. Bei Tüchern für Blindekuhspiele sollten Sie z.B. vorher testen, ob sie auch nicht durchsichtig sind, bei Leim, ob er richtig klebt, und bei Verzierungen auf dem Kuchen, ob sie nicht wieder herunterfallen. Bevor Sie mit den Kindern etwas backen, sollten Sie das Rezept ausprobiert haben.

9. Spiele

Zu den Symbolen

Altersgruppen

Da es wenig sinnvoll ist, feste Altersgrenzen zu ziehen, werden immer großzügige Altersbereiche angegeben.

- ⬡ Ende drittes bis viertes Lebensjahr
- ♧ fünftes bis Anfang siebtes Jahr
- ⬡ sieben bis neun Jahre
- ✂ ab zehn Jahren

Anzahl der Spieler

- ✳ die Anzahl der Spieler ist unbegrenzt
- 4⁺ die Mindestanzahl der Spieler ist Vier, es gibt keine Begrenzung nach oben
- 4₌ man braucht eine gerade Anzahl Spieler
- 3₋ man braucht eine ungerade Anzahl Spieler
- 4–10 mindestens vier, höchstens zehn Spieler

Drinnen oder draußen?

- ⬆ Spiele für drinnen
- ♀ Spiele für draußen

Art des Spiels

- ◯ Kreisspiel
- ♟ Mannschaftsspiel
- 🏃 Staffel
- ♟ Tisch-Spiel
- ✗ kreative Tätigkeit
- ♪ Spiel mit Musik
- ◐ Ballspiel
- ✎ Spiel mit verbundenen Augen (Blindekuhspiel)

Musik

Ist das Symbol ♪ angegeben, wird das Spiel mit Musik begleitet, wie z.B. »Die Reise nach Jerusalem«. Wenn Sie ein Instrument spielen, können Sie ja selber für die Musik sorgen, andernfalls können Sie ein Radio oder einen Kassettenrekorder benutzen.

Zubehör

Mit dem Zeichen ▶ wird angegeben, welche Utensilien für ein Spiel benötigt werden. Bei nahezu jedem Fest braucht man Schere, Messer, Klebstoff, Bleistifte, Buntstifte, Filzstifte und Papier. Diese werden deshalb nicht jedes Mal beim Zubehör mit angegeben.
Ballspiele werden durch das Logo ◐ gekennzeichnet; da man für sie immer einen Ball benötigt, wird dies beim Zubehör nicht mehr extra erwähnt. Dasselbe gilt auch für die Augenbinde bei Blindekuhspielen. Diese erkennt man an dem Symbol ✎.

Abzählverse

Eins-zwei, eins-zwei
⬡ ♧ 4⁺ ⬆ ♀ ♟

Die Kinder stehen im Kreis. Sie werden folgendermaßen abgezählt: eins – zwei – eins – zwei ..., wenn Sie zwei Mannschaften brauchen, oder eins – zwei – drei – eins – zwei – drei ... für ein Spiel mit drei Mannschaften. Die Kinder mit der gleichen Zahl stellen sich zusammen.

Bänder oder Abzeichen
♧ ⬡ ✂ 4⁺ ⬆ ♀ ♟

Stellen Sie einen Korb mit verschiedenfarbigen Bändern, Buttons oder anderen Abzeichen auf, durch die sich die Mannschaften voneinander unterscheiden können. Für zwei Mannschaften braucht man zwei verschiedene Sorten Bänder, für drei Mannschaften drei usw.
Die Kinder nehmen blind ein Band aus dem Korb und stellen sich zu den Kindern, die ein Band der gleichen Farbe haben.

Spiele zum Kennenlernen

Wie sieht Jan aus?
♟ ♕ ✳ ⌂ ♀

Ein Spiel, um herauszufinden, wie gut die Kinder das Aussehen der anderen kennen.
Eines der Kinder dreht sich zur Wand oder hält die Hände vor die Augen. Der Spielleiter (oder eines der Kinder) stellt ihm Fragen, z.B.: »Welche Farbe haben Jans Augen?« Ist die Antwort richtig, geht das Spiel weiter; sobald das Kind eine Antwort nicht weiß, ist ein anderes an der Reihe.

Ene dene duppe dene
♟ ♕ 5⁺ ⌂ ♀

Ene dene duppe dene
Duppe dene dalia
Eppe beppe bembio
Bio bio buff.

Eines der Kinder darf abzählen. Die anderen stehen im Kreis um es herum und sagen gemeinsam das Verslein auf. Das Kind in der Mitte schlägt bei jedem Wort der Reihe nach auf die Hand eines anderen Kindes. Das Kind, das bei »buff« dran ist, scheidet aus. Das geht weiter, bis nur noch ein Kind übrig ist.

Was gehört zu wem?
♟ ♕ ✂ 4± ⌂ ♀ ♟♟

▶ *so viele Karten, wie Spieler teilnehmen*

Das ist eine originelle Art, Paare zu bilden: Man schreibt auf die Hälfte der Karten jeweils einen Namen einer be-kannten Person. Auf die anderen Karten zeichnet man zu jeder Person einen passenden Gegenstand. Jedes Kind erhält eine Karte und sucht den dazugehörigen Gegenstand bzw. die entsprechende Person.

Wer schließt die Brücke?
♟ ♕ ✂ 2 ⌂ ♀ ♟♟

Mit diesem Spiel kann man bestimmen, wer von zwei Mannschaftsführern sich zuerst ein Kind für sein Team aussuchen darf.
Zwei Kinder stehen einige Meter voneinander entfernt und laufen aufeinander zu. Sie machen immer abwechselnd einen Schritt und können selbst wählen, ob sie große oder kleine Schritte machen oder ob sie einen Fuß direkt vor den anderen setzen. Das Kind, das zuletzt einen Schritt macht, hat gewonnen.

Wie viele Bohnen?
♟ ♕ 5⁺ ⌂ ♀

▶ *ein Säckchen mit 15-20 Bohnen*

Dieses Spiel eignet sich besonders, wenn die Gäste nach und nach ankommen und sich noch nicht alle kennen.
Jedes Kind darf sich bei seiner Ankunft ein paar Bohnen aus dem Säckchen nehmen und hält sie in der geschlossenen Hand. Haben sich zwei Kinder begrüßt und ihre Namen gesagt, folgt die Frage: »Gerade oder ungerade?« Nach der Antwort müssen sie raten, wie viele Bohnen der andere in seiner Hand hat. Stimmt die Antwort, bekommt der, der richtig geraten hat, die Bohnen des anderen.
Wer hat am Ende die meisten Bohnen?

Angenehm ...
⚃ ⚅ 4-8 ⌂ ▰

▸ *Papier, Bleistifte, Buntstifte*

Dieses Spiel zum Kennenlernen macht man besser nicht mit mehr als acht Kindern, sonst dauert es zu lange.
Die Kinder setzen sich zu Beginn des Festes an den Tisch und zeichnen etwas, das mit ihnen zu tun hat. Sind alle Zeichnungen fertig, so erzählt jeder etwas über sein Bild (und damit auch über sich selbst).

Namen merken
⚃ ⚅ ✳ ⌂ ♀ ○

Auch dieses Spiel eignet sich für den Anfang eines Festes, wenn die Kinder sich nicht alle kennen.
Die Kinder stehen im Kreis und sagen der Reihe nach ihren Vornamen. Ein Kind geht nun in die Mitte, zeigt auf ein beliebiges Kind aus dem Kreis und sagt »links« oder »rechts«.
Das Kind, auf das gezeigt wurde, muss nun den Namen seines rechten oder linken Nachbarn sagen. Weiß es den Namen nicht, muss es selbst in die Mitte gehen.

Wem gehört dieser Ballon?
⚃ ⚅ 5⁺ ⌂ ♪

▸ *aufgeblasene Luftballons, dunkle Filzstifte*

Die Kinder schreiben ihren Namen auf einen Ballon. Beginnt die Musik, werfen sie die Ballons durch den Raum und den anderen zu. Sobald die Musik endet, versucht jedes Kind, einen Ballon zu fangen und dahinter zu kommen, wem er gehört. Dieses Spiel kann man mehrmals wiederholen.

Pfänderspiel zum Kennenlernen
⚅ ✄ 4⁺ ⌂

Alle Kinder geben beim Hereinkommen ein Pfand ab; ob Taschenmesser, Schal oder ein Schuh – alles kommt in eine Kiste. Der Spielleiter holt ein Pfand aus der Kiste und fragt dabei die Kinder, was derjenige tun soll, dem dieses Pfand gehört. Bevor das Kind seine Aufgabe erfüllt, stellt es sich kurz vor.

Zeitungs-Tip
⚅ ✄ 5⁺ ⌂ ♀ ○

▸ *Zeitungen*

Mit diesem Spiel lernen die Kinder die Namen der anderen kennen.
Sie stehen im Kreis. Eines steht in der Mitte mit einer länglich gefalteten Zeitung in der Hand. Ein Kind aus dem Kreis beginnt nun und ruft den Namen eines anderen Kindes. Wenn das Kind in der Mitte weiß, wer gemeint ist, versucht es, demjenigen mit der Zeitung einen Schlag zu geben. Wenn das Kind, dessen Name gerufen wurde, sofort einen anderen aufruft, darf es nicht geschlagen werden. Weiß es keinen Namen, dann darf der »Zeitungsschläger« es schlagen und es muss in die Kreismitte gehen. Dieses Spiel wird noch schwieriger, wenn man die Spielregel zufügt, dass jeder Name nur einmal genannt werden darf, bis alle Namen einmal dran waren.

Wer bin ich?
⚅ ✄ 4⁺ ⌂ ♀

▸ *Papier und Tesafilm*

Auch dieses Spiel ist dazu geeignet, sich am Anfang eines Festes besser kennen zu lernen. Jedes Kind bekommt auf den Rücken einen Zettel mit dem Namen einer berühmten Persönlichkeit geklebt. Während es herumläuft, muss es durch Fragen an die anderen Kinder herausbekommen, welchen Namen es trägt. Es darf nur mit »Ja« und »Nein« geantwortet werden.

Mein rechter, rechter Platz ist frei
⚅ ✄ 8⁺ ⌂ ♀ ○

Bei diesem Spiel lernt man die Namen der anderen kennen.
Die Kinder stehen im Kreis und ein Platz ist frei. Das Kind, das links von dem leeren Platz steht, sagt: »Mein rechter, rechter Platz ist frei, ich wünsche mir ... herbei.« Das genannte Kind kommt und es entsteht ein neuer freier Platz. Der Spielleiter muss gut darauf achten, dass auch alle Namen genannt werden.

Spiele für zwischendurch

Wie viele Bälle schaffst du in den Eimer?
♘ ✿ 3⁺ ⌂ ♀

▸ *Eimer, drei Tennisbälle, Kreppband*

Ungefähr einen Meter von der Wand entfernt wird ein Eimer aufgestellt. Mit dem Kreppband wird drei Meter davor eine Linie geklebt. Bei älteren Kindern kann der Abstand zur Wand vergrößert werden.
Die Kinder sollen versuchen, die drei Tennisbälle in den Eimer zu werfen. Das kann schon mühsam sein, da die Bälle mitunter wieder herausspringen. Vorher muss abgesprochen sein, wie oft jeder werfen darf. Für jeden Ball, der im Eimer bleibt, gibt es einen Punkt.

Tip
♘ ✿ 3-8 ⌂ ♟

▸ *Tablett, Rosinen*

Ein Tablett mit Rosinen steht auf dem Tisch. Ein Kind geht vor die Tür, ein anderes darf auf eine der Rosinen zeigen. Wenn das Kind wieder hereinkommt, darf es eine Rosine nach der anderen einsammeln, bis es diese eine erwischt. Alle Kinder rufen dann: »Tip!«
Das Tablett wird wieder aufgefüllt und das nächste Kind geht vor die Tür. Das Spiel geht so lange, bis alle dran waren. Hat ein Kind Pech gehabt und nur ein oder zwei Rosinen ergattert, kann man ihm ja noch ein paar zustecken.
Das Spiel kann auch mit anderen Süßigkeiten gespielt werden.

Im dunklen Wald
♘ ✿ 7⁺ ⌂ ♟

▸ *Tuch*

Für dieses Spiel braucht man ein großes Zimmer, in dem möglichst wenig herumstehen sollte.
Ein Kind stellt sich in eine Ecke des Raumes, das Gesicht der gegenüberliegenden Ecke zugewandt. Es achtet darauf, wo die anderen Kinder stehen, die sich im Raum verteilt haben. Jetzt bekommt das Kind die Augen verbunden. Es soll in die gegenüberliegende Ecke laufen. Aber im Wald ist es dunkel und da stehen Bäume ... Wer auf seinem Weg die wenigsten »Bäume« berührt, hat gewonnen.

Wie viele Namen kennst du?
✿ 3⁺ ⌂ ♟

▸ *Papier und Bleistifte*

Ein Vorname wird genannt und die Kinder sollen so viele Vornamen mit dem gleichen Anfangsbuchstaben aufschreiben, wie sie kennen. Das Gleiche kann man mit Tiernamen, Pflanzen, Früchten oder Ähnlichem machen.

Zungenbrecher
♘ ✿ ✳ ⌂ ♀

Zungenbrecher oder Reime wie »Die Katze tritt die Treppe krumm« sind gut geeignet, um Pausen zu überbrücken. Man sollte selbst vorher ein bisschen üben. Es geht ja darum, dass man sie immer schneller sprechen kann. Sicher kann der eine das viel besser als ein anderer, und es ist auch nicht als Wettstreit gedacht. Beispiele:

• Fischers Fritz fischt frische Fische, frische Fische fischt Fischers Fritz
• Brautkleid bleibt Brautkleid und Blaukraut bleibt Blaukraut
• Esel essen Nesseln gern, Nesseln essen Esel gern
• Wer nichts weiß und weiß, dass er nichts weiß, weiß mehr, als der, der nichts weiß und nicht weiß, dass er nichts weiß
• Sechsundsechzig Stück sächsische Schuhzwecken
• Wir Westerwälder Waschweiber wollten weiße Windeln waschen, wenn wir wüssten, wo warmes Wasser wäre.

Bewegungs- und Nachahmungsspiele

Kleine Kinder brauchen Gelegenheit, sich zu bewegen. Vorschulkinder lieben Bewegungsspiele, bei denen sie die verschiedenartigsten Bewegungen nachahmen können. Mitunter sind sie auch schon selbst in der Lage, Bewegungen vorzumachen. Man kann ihnen helfen, indem man ihnen Vorschläge zuflüstert. Bei schönem Wetter können solche Spiele auch draußen gespielt werden.

In Leipzig wird ein Turm gebaut
🎲 🐝 3⁺ ⬆ 🎺

*In Leipzig wird ein Turm gebaut
von Buttermilch und Sauerkraut.
Der Turm der kriegt 'ne Ritze,
die repariert der Fritze.
Und endlich wird es gar zu arg,
da fällt der ganze Turm in' Quark.*

Der Spielleiter macht eine Faust und streckt den Daumen nach oben, ebenso die Kinder. Während der Spruch aufgesagt wird, setzen die Kinder der Reihe nach ihre Fäuste auf die des Spielleiters. Am Ende des Spruchs zieht der Spielleiter seine Faust weg und der Turm bricht zusammen. Nehmen nur wenige Spieler teil, kann jedes Kind auch seine zweite Faust auf den »Turm« setzen.

Wir haben ein goldenes Band
🎲 🐝 3⁺ ⬆ ♀ ♪

Wir ha-ben ein gold'-nes Band—, das schwingt von Hand zu Hand—, es kommt vom ho-hen Him-mels-zelt, wo Gott die gol-de-nen Stern-lein hält.

Dies ist ein einfaches Spiel, mit dem man z.B. die Gästeschar von einem Raum zum anderen führen kann, wo das nächste Spiel stattfindet.
Die Kinder stellen sich in eine Reihe und geben sich die Hand oder fassen sich an den Schultern. Nun führt entweder der Spielleiter oder vielleicht das Geburtstagskind selbst die Kette singend durch den Raum oder, wenn draußen gespielt wird, zwischen Bäumen und Büschen hindurch. Es kann eine Spirale ein- und wieder ausgewickelt werden oder zwei Kinder bilden ein Tor, durch das alle hindurchgehen. Vielleicht kriecht die Schlange auch unter einem Tisch durch oder springt über einen Stock.

2. Der Sommer nimmt das Band
   und trägt es in sein Land.
   Da leuchtet hell der Sonnenschein
   im Gras viel tausend Blümelein.
3. Wir ziehen Hand in Hand
   wohl in des Sommers Land.
   Bei Sonnenschein und Blumenblüh'n
   da woll'n wir alle tanzen geh'n.

Adam hatte sieben Söhne
🎲 🐝 7⁺ ⬆ ♀ ○ ♪

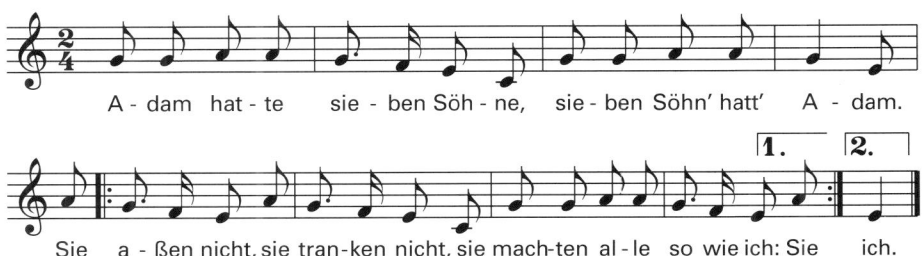

A-dam hat-te sie-ben Söh-ne, sie-ben Söhn' hatt' A-dam.
1. 2.
Sie a-ßen nicht, sie tran-ken nicht, sie mach-ten al-le so wie ich: Sie ich.

Die Kinder stehen singend im Kreis. Ein Kind steht in der Mitte. Bei »sie aßen nicht, sie tranken nicht ...« schütteln sie die Köpfe. Bei »so wie ich ...« macht das Kind in der Mitte Bewegungen, als würde es sich z.B. die Haare kämmen oder gähnen oder tanzen usw. und die Kinder ahmen es beim zweiten Mal nach.
Dann geht ein anderes Kind in die Mitte und das Spiel beginnt wieder von vorne.

Zeigt her eure Füße

Die Kinder stehen im Kreis und singen das Lied. Bei jeder Tätigkeit, die im Text erwähnt wird, macht man die entsprechende Bewegung dazu. Dieses Nachahmungsspiel ist bei Vorschulkindern sehr beliebt, auch wenn viele Tätigkeiten heute nicht mehr in dieser Form ausgeführt werden.

Zeigt her eu - re Fü - ße, zeigt her eu - re Schuh und se - het den flei - ßi - gen Wasch - frau - en zu. Sie wa - schen, sie wa - schen, sie wa-schen den gan-zen Tag.

2. spülen, 3. wringen, 4. hängen, 5. falten, 6. bügeln, 7. tratschen, 8. schlafen, 9. tanzen.

Hein Mücke

Die Kinder laufen singend im Kreis und bücken sich immer tiefer. Bei »Stücke« fallen sie alle auf ihren Allerwertesten.

Hein Mü - cke in der Tonn', mit 'nem Rei - fen drum her-um, Hein Mü - cke, Hein Mü - cke, und die Tonn' zer-brach in Stü - cke.

Was tun wir denn so gerne hier im Kreis?

Der Spielleiter führt in der Kreismitte die jeweiligen Tätigkeiten vor. Die Kinder machen mit. Bei der letzten Strophe sucht sich jeder einen Partner und tanzt mit ihm im Kreis herum.

Was tun wir denn so ger-ne hier im Kreis, was tun wir denn so ger-ne hier im Kreis? Klat-schen, klat-schen, tra-la-la-la-la, klat-schen, klat-schen, tra-la-la-la-la.

2. stampfen, 3. hüpfen, 4. winken, 5. nicken, 6. tanzen.

Ringel Rangel Rose

Die Kinder laufen singend im Kreis. Bei »Mäh« lassen sich alle fallen oder setzen sich hin.

Rin - gel, ran - gel Ro - se,
But - ter in der Do - se
Schmalz in dem Kas - ten, mor-gen woll'n wir fas - ten, ü - ber-mor - gen Lämm-chen schlach-ten, das wird ru-fen: Mäh!

Siebensprung

Die Kinder laufen singend im Kreis. Bei »Das ist eins« machen sie alle mit dem rechten Fuß einen Schritt zur Kreismitte. Dann beginnt das Lied wieder von vorne, die Kinder laufen im Kreis und singen jetzt »Das ist eins, das ist zwei« und machen erst mit dem rechten, dann mit dem linken Fuß einen Schritt. Bei »das ist drei« knien sie auf das rechte Knie, bei »vier« auf beide, bei »fünf« lehnen sie sich auf den rechten Ellbogen, bei »sechs« auf beide, und bei »sieben« legen sie den Kopf in beide Hände und auf den Boden.
Danach kann man das Lied noch einige Male singen und die Reihenfolge umdrehen.

Ich armer Mann

Die Kinder laufen singend im Kreis. In der Mitte steht der »arme Mann«. Bei »Gebt Acht« bleiben die Kinder stehen und der Mann führt irgendeine Bewegung vor und singt dabei alleine weiter. Bei »Und alle« singen die anderen wieder mit und ahmen die Bewegung nach. Dann geht ein anderes Kind in den Kreis.

Butter stampfen

⬡ ⛄ 3⁺ ⬆ 🐎

Butter stampfen, Butter stampfen, eine Hand muss mit ...

Butter stampfen, Butter stampfen, eine Hand muss weg ...

Alle sitzen am Tisch. Der Spielleiter klopft mit der Faust im Takt leicht auf den Tisch und streckt dabei den Daumen nach oben. Bei »mit« umfasst der Nachbar den Daumen des Spielleiters, klopft mit und streckt den eigenen Daumen hoch und so weiter, bis alle Fäuste aufeinander sitzen. Jetzt sagt man den zweiten Vers auf und der Turm baut sich Stück für Stück wieder ab. Je nach Anzahl der Kinder nimmt jeder Spieler eine Hand oder beide.

In Holland steht ein Haus

⬡ 8⁺ ⬆ ♀ ◯ ♪

Dieses Spiel für Kindergartenkinder nimmt ein bisschen Zeit in Anspruch. Die Kinder laufen Hand in Hand im Kreis und singen das Lied. Bei der zweiten Strophe wählt der Spielleiter einen »Mann«, der in die Mitte (in das Haus) geht, dieser wählt sich bei der nächsten Strophe eine »Frau« und diese sich ein »Kind« usw. Alle stellen sich in die Mitte und werden nach und nach wieder hinausgejagt.

Wenn nur noch so wenige Kinder übrig sind, dass sie keinen Kreis mehr bilden können, lassen sie sich los und laufen jedes für sich ums »Hausgesind« herum. Ist die Maus wieder hinausgejagt worden, fassen sie sich erneut an den Händen und bilden einen Kreis.

2. *Darinnen wohnt ein Mann.*
3. *Der Mann nimmt sich 'ne Frau.*
4. *Die Frau nimmt sich ein Kind.*
5. *Das Kind nimmt sich 'nen Hund.*
6. *Der Hund nimmt sich 'ne Katz.*
7. *Die Katz nimmt sich 'ne Maus.*
8. *Nun jagt hinaus die Maus.*
9. *Nun jagt hinaus die Katz.*
10. *Nun jagt hinaus den Hund.*
11. *Nun jagt hinaus das Kind.*
12. *Nun jagt hinaus die Frau.*
13. *Nun jagt hinaus den Mann.*
14. *Das Haus zünden wir an.*
15. *Wir bau'n es wieder auf.*
16. *wie 1.*

Einfache Gruppenspiele

Obwohl die meisten dieser Spiele für drinnen gedacht sind, kann man einige auch im Garten spielen, vielleicht in einer abgeschirmten Ecke oder auf einer Terrasse.

Kirschen- oder Brezelschnappen

⬡ ♣ ✳ ⌂ ♀

▸ dicker Bindfaden, Garn, Kirschen, Brezeln oder Kuchenstückchen

Man spannt den Bindfaden quer durch den Raum oder zwischen zwei Bäumen und hängt entweder die Kirschen direkt daran oder versieht Brezeln oder Kuchenstückchen mit einem Faden und hängt sie dann an die Schnur. Die Stücke sollen auf Mundhöhe der Kinder hängen. Jetzt versuchen die Kinder – die Hände haben sie auf dem Rücken –, die Leckereien zu schnappen.

Natürlich kann der Spielleiter ein bisschen nachhelfen. Wer als Erster seine Portion aufgegessen hat, ist Sieger.

Ölsardinen

⬡ ♣ ⬡ 5⁺ ⌂

Ein Kind versteckt sich und alle anderen suchen es. Der Erste, der es findet, sagt nichts, sondern kriecht unbemerkt zu ihm ins Versteck. So auch der Nächste, bis nach und nach alle Kinder »wie die Ölsardinen in der Dose« sitzen und das letzte sie alle zusammen findet.

Wer hat die meisten Kästchen?

♣ 2-6 ⌂ ☝

▸ Farb- oder Zahlenwürfel, ein Bogen Papier, Buntstifte, Spielsteine (Bohnen, Erbsen, Rosinen u.Ä. oder z.B. bunte Flohhupfplättchen oder Smarties ...)

Man zeichnet ein Quadrat und teilt es in 36 Kästchen, die so groß sein müssen, dass die Spielsteine daraufpassen. Es geht darum, wer die meisten Kästchen bekommt. Kinder, die die Zahlen noch nicht können, spielen mit Farbwürfeln, sonst wird mit Zahlenwürfeln gespielt.

Mit Farbwürfeln:
Man malt jeweils sechs der Kästchen mit einer Farbe der Würfelseiten aus. Alle Kinder bekommen nun eine Hand voll Spielsteine (jeder eine andere Sorte). Sie würfeln der Reihe nach und legen auf eines der Kästchen mit der gewürfelten Farbe einen Spielstein. Wer eine Farbe würfelt, deren Kästchen schon alle besetzt sind, kann keinen Spielstein ablegen. Sind alle Kästchen besetzt, hat das Kind mit den meisten abgelegten Steinen gewonnen.

Mit einem Zahlenwürfel:
Hier setzt man die Zahlen Eins bis Sechs jeweils sechsmal in beliebige Kästchen. Jedes Kind hat einen eigenen Buntstift und nun würfelt man der Reihe nach. Die Spieler malen immer ein Kästchen, dessen Zahl sie gewürfelt haben, bunt an. Ansonsten gelten die gleichen Regeln wie oben.

Schokolade essen

♣ ⬡ 5⁺ ⌂ ☝

▸ Messer und Gabel, eine Tafel Schokolade, Handschuhe und Schal

Der Spielleiter sucht ein Kind aus, das beginnen darf. Es muss Handschuhe anziehen, den Schal umlegen und die mehrfach mit Zeitungspapier eingepackte und gut verschnürte Schokolade mit Messer und Gabel auspacken und essen. In der Zwischenzeit würfeln die anderen der Reihe nach. Wirft ein Kind eine Sechs, nimmt es Handschuhe und Schal, zieht alles an, nimmt das Besteck und packt weiter aus. Das Spiel ist sehr aufregend und die Kinder sind danach oft sehr wild, es ist aber außerordentlich beliebt!

Ballonspiel
☖ ☗ ✳ ⌂ ♀

▶ *kleine Geschenke, Luftballons, Papier*

Eine sichere Überraschung für das Ende eines Festes!
Man packt so viele kleine Geschenke ein, wie Kinder kommen, und schreibt eine Nummer darauf. Die gleichen Nummern werden auf kleine Zettelchen geschrieben, die man zusammenfaltet und in die Luftballons steckt. Diese bläst man auf und wirft sie am Ende des Festes in die Luft. Jedes Kind fängt einen Ballon und macht ihn kaputt, um das Zettelchen herauszuholen. Danach darf es das Geschenk suchen, dessen Nummer es hat.

Grabbelkiste
⌂ ☖ ☗ ✳ ⌂ ♀

▶ *kleine eingepackte Geschenke, Kiste oder Tonne mit Schaumstoff-Flocken (Verpackungsmaterial) gefüllt*

Die Geschenke werden zwischen den Schaumstoff-Flocken versteckt und jedes Kind darf sich eines suchen, bevor es nach Hause geht.

Blaseball
☖ ☗ 6⁺ ⌂ ♐ ⚑

▶ *dünner Karton, Tesafilm, Strohhalme und ein Tischtennisball*

Man klebt einen ca. 3 cm hohen Rand um den Esstisch und lässt an den Schmalseiten zwei Öffnungen von ca. 15 cm. Nachdem zwei Mannschaften gebildet worden sind, versuchen die Kinder, den Ball mit den Strohhalmen ins gegnerische Tor zu blasen. Schieben ist nicht erlaubt!

Tiere jagen
☖ ☗ 3⁺ ⌂

▶ *Zeitungen*

Die Kinder dürfen die Form eines Tieres ihrer Wahl aus einem halben Zeitungsblatt reißen. Sie stellen sich an eine Wand des Zimmers und legen ihr Tier vor sich auf den Boden. Alle Kinder bekommen eine Zeitung und beginnen nach einem Startzeichen, mit der Zeitung so viel Wind zu machen, dass sich ihr Tier fortbewegt. Wessen Tier als Erstes die gegenüberliegende Wand erreicht, hat gewonnen.

Stille Post
☖ ☗ 5⁺ ⌂ ◯

Mit diesem Spiel können Sie die Kinder etwas zur Ruhe kommen lassen. Die Kinder sitzen im Kreis und der Spielleiter flüstert seinem Nachbarn etwas ins Ohr, ein langes Wort, einen einfachen Satz oder etwas Komisches. Das Kind flüstert es sofort an seinen Nachbarn weiter. Es darf nicht nachgefragt und nichts wiederholt werden. Der Letzte in der Runde darf laut sagen, was er verstanden hat. Das ist eine wahre »Gerüchteküche«!

Heiße Kartoffel
🎲 ⊕ 6⁺ ⭐ ○ ♪

▶ *rohe Kartoffel oder Ball*

Wer hat sich nicht schon einmal an einer heißen Kartoffel verbrannt? Also gibt man sie lieber schnell weiter ... Natürlich wird hier nur eine rohe Kartoffel oder ein Ball benutzt, trotzdem muss man schnell sein! Die Kartoffel wird im Kreis weitergereicht, solange die Musik spielt. Wer sie in der Hand hält, wenn die Musik stoppt, scheidet aus.

Variation:
Wer die Kartoffel hat, wenn die Musik stoppt, scheidet nicht aus, sondern muss sie auf eine lustige Art und Weise weitergeben, z.B. unter dem Bein hindurch, hinter dem Rücken herum oder auf den Knien.

Wie viel passt in eine Streichholzschachtel?
🎲 ⊕ 3-8 ⭐ 🏃

▶ *eine Streichholzschachtel für jedes Kind und viel Kleinkram wie z.B.: Büroklammern, Streichhölzer, Steinchen, Reißzwecken etc.*

Jedes Kind bekommt eine Streichholzschachtel. Aller Kleinkram wird auf den Tisch gelegt und die Kinder haben jetzt fünf Minuten Zeit, ihre Streichholzschachteln damit zu füllen. Wer die meisten Teile hineinbekommen hat, hat gewonnen.

Lachen verboten!
🎲 ⊕ 5⁺ ⭐

Zwei Kinder sitzen sich auf dem Boden gegenüber und der eine versucht, den jeweils anderen durch lustige Grimassen oder auch komische Wörter oder Geschichten zum Lachen zu bringen. Wer lacht, hat verloren, und gegen den Gewinner tritt dann der Nächste an.

Mit einem Eselschwanz
🎲 ⊕ ✳ ⭐ ♀

▶ *leere Ein-Liter-Glasflaschen, Bindfaden, Nägel*

Den Mitspielern wird ein Bindfaden um die Taille gebunden, dessen Ende als »Eselschwanz« vom Rücken herunterhängt und bis ungefähr zu den Kniekehlen reicht. Daran wird ein Nagel festgeknotet. Auf ein Startzeichen hin gehen die Kinder zu den aufgestellten Flaschen und versuchen, mit den Nägeln in die Flaschenhälse zu treffen. Vielleicht sollte der Spielleiter es vorher selbst mal ausprobieren.

Pfänderspiel
🎲 ⊕ 5⁺ ⭐

Hierbei muss derjenige, der irgendeine Spielaufgabe nicht erfüllt hat, ein Pfand abgeben, eine Haarspange, einen Kamm, ein Taschentuch o.Ä.
Es gibt viele Möglichkeiten, an Pfänder zu kommen, z.B. bei folgenden Spielen:

- Erde, Wasser, Luft (Seite 54)
- Alle Vögel fliegen hoch (Seite 54)
- Sag nicht »äh« (Seite 60)
- Ohne Sieben (Seite 55)
- Wer bringt das Schiff zum Sinken? (Seite 50)
- Pass auf! (Seite 75)

Gibt es nun immer noch Kinder, die kein Pfand abgegeben haben, so kann man noch »Kommando Bimberle« (Seite 56) spielen.
Bei dem Spiel »Pfänder einlösen« (siehe nächste Seite) bekommen die Kinder ihre Pfänder zurück, wenn sie eine bestimmte Aufgabe gelöst haben.

Pfänder einlösen
☷ ✿ 5⁺ ⌂ ♀

Jetzt geht es darum, die Pfänder wieder zurückzubekommen, die die Kinder bei den Pfänderspielen (s.o.) abgeben mussten.
Ein Kind dreht sich zur Wand oder hält sich die Augen zu, ein anderes nimmt ein Pfand aus dem Haufen und fragt: »Was soll das Pfand in meiner Hand, was soll derjenige tun?«
Das Kind denkt sich jetzt eine Aufgabe aus, ohne zu wissen, von wem das Pfand ist.
Beispiele:
- ein Lied singen
- eine Runde hüpfen
- jemandem einen Kuss geben
- mit einem Buch auf dem Kopf einmal um den Tisch laufen
- für alle etwas Leckeres aus der Küche holen
- ein Tier nachmachen
- unter den Beinen aller Kinder hindurchkriechen
- etwas als Pantomime vorspielen

Na, wo ist es wohl?
☷ ✿ 5⁺ ⌂

▶ *ein kleiner Gegenstand*

Ein allen bekannter Gegenstand wird versteckt, während die Kinder nicht im Zimmer sind. Es ist sinnvoll, vorher zu sagen, dass man ihn nirgends hineinlegt, damit die Kinder nicht alle Schubladen aufziehen.
Auf ein Zeichen kommen die Kinder alle herein und suchen. Wer den Gegenstand gefunden hat, sagt nichts, hört aber auf zu suchen. Das Spiel geht weiter, bis auch der Letzte fündig geworden ist. Die anderen begleiten die letzten Sucher sicher mit den entsprechenden Kommentaren ...

Warm oder kalt
☷ ✿ 5⁺ ⌂

▶ *ein beliebiger Gegenstand*

Während ein Kind draußen wartet, verstecken die anderen etwas im Zimmer. Nun muss es hereinkommen und suchen. Die anderen kommentieren die Suche mit »warm«, »lau«, »heiß«, »kalt« oder »eiskalt«. Je näher das Kind dem Gegenstand kommt, umso »wärmer« wird es. Hat es ihn gefunden, kommt der Nächste dran.

Wer bringt das Schiff zum Sinken?
☷ ✿ 3⁺ ⌂ ♀

▶ *kleine Wanne, Deckel von Marmeladengläsern, Teelöffel, Würfel*

In einer Wanne treiben etliche Deckel als Schiffe. Die Kinder würfeln der Reihe nach. Wer eine Sechs würfelt, muss einen Teelöffel voll Wasser in einen Deckel füllen. Die Deckel werden so immer voller und sinken irgendwann. Derjenige, der ein Boot versenkt, scheidet aus, das letzte Kind ist der Sieger.

Wenn die Musik stoppt
✿ ✂ 4⁺ ⌂ ♪

Solange die Musik erklingt, tanzt oder springt jeder durch den Raum. Sobald die Musik stoppt, verharrt jeder in der Haltung, die er in diesem Moment eingenommen hat. Wer sich bewegt, scheidet aus.

Fische fangen
✿ ✂ 5⁺ ⌂

▶ *Zeitungen, dünner Bindfaden*

Die Kinder schneiden aus einem Viertel Zeitungsblatt einen Fisch aus und befestigen ihn an einem Bindfaden. Der muss so lang sein, dass der Fisch, wenn die Kinder sich den Faden um den Bauch binden, auf dem Boden schleift. Die Kinder fangen jetzt Fische, indem sie versuchen, sich auf einen Fisch zu stellen, so dass er abreißt. Aber Vorsicht – vielleicht steht gerade jemand auf dem eigenen ... Wer zuletzt seinen Fisch noch hat, ist der Sieger.

Kreisspiele

Schornsteinfeger
♟ ♞ 7± ⬆ ♀ ○ ♪

▶ *ein Besen*

Die Kinder stehen singend im Kreis. Der »Schornsteinfeger« geht in der Mitte des Kreises mit einem Besen auf und ab. Bei »komm herfür« lässt er den Besen fallen, sucht sich einen Partner und tanzt mit ihm. Auch die anderen Kinder beginnen immer zu zweit zu tanzen. Wer übrig bleibt, ist der nächste Schornsteinfeger.

Muss wandern
♟ 6⁺ ⬆ ♀ ○ ♪

Die Kinder stehen im Kreis und singen. Eines läuft außen um den Kreis herum. Bei »kommt ein lustiger Springer herein« springt es in die Kreismitte. Dann schüttelt es bei den entsprechenden Textstellen seinen Kopf, wackelt mit dem Po und stampft fest mit dem Fuß auf. Bei »Kommt, wir wollen tanzen gehn« sucht es sich einen Partner und tanzt mit ihm im Kreis herum, die anderen Kinder klatschen im Takt dazu. Dann darf der neue Partner der »Springer« sein.

Mor - gens, wenn ich früh auf - steh
und zum Schorn - stein - fe - gen — geh,
klopf — ich — lei - se an die Tür:
Schö - ne — Jung - frau, komm her - für!

Muss wan - dern, muss wan - dern wohl hin auf die - sen grü - nen Platz.
Kommt ein lus - ti - ger Sprin - ger her - ein, schüt - telt mit dem Kopf,
rüt - telt mit dem Rock, stampft mit dem Fuß. Kommt, wir wol - len
tan - zen gehn, tan - zen gehn, die an - dern müs - sen stil - le stehn.

Plumpsack
♟ ♙ 7⁺ ⌂ ♀ ○

▶ *ein verknotetes Taschentuch*

Die Kinder sitzen oder stehen im Kreis und sagen folgenden Spruch auf:

Dreht euch nicht um,
der Plumpsack geht herum,
er geht um den Kreis,
dass niemand es weiß;
wer sich umdreht oder lacht,
dem wird der Buckel blau gemacht.

Einer läuft mit dem Taschentuch um den Kreis herum und legt es unbemerkt hinter eines der Kinder. Erst wenn das Lied zu Ende ist, dürfen die Kinder sich umschauen. Wer das Taschentuch hinter sich findet, steht auf und versucht den anderen zu fangen. Gelingt es diesem, auf den leeren Platz zu kommen, wird der Fänger zum Plumpsackleger, wird er gefangen, muss er noch mal laufen.

Fleißige Bienchen
♟ ♙ 7± ⌂ ♀ ○

Die Kinder stehen sich paarweise in einem Innen- und Außenkreis gegenüber. Ein Kind ist übrig und gibt ihnen allerlei Anweisungen: Setzt euch Rücken an Rücken, gebt euch die Hand usw. Sobald das Kind »fleißige Bienchen« sagt, müssen die Spieler sich einen neuen Partner suchen, auch das Kind, das die Instruktionen gab. Wer jetzt übrig bleibt, gibt neue Anweisungen.

Drei sind zu viel
♟ ♙ 12± ⌂ ♀ ○

Die Kinder stehen in einem doppelten Kreis. Zwei Kinder laufen um sie herum. Einer fängt den anderen. Dieser kann verhindern, gefangen zu werden, indem er sich vor ein Kind im Innenkreis stellt.

Drei sind zu viel – deshalb muss das Kind, das jetzt im äußersten Kreis steht, schnell weglaufen, um nicht gefangen zu werden.

Variation:

Anstatt in zwei Kreisen können die Kinder auch in einem großen Kreis stehen und sich paarweise einhaken. Jetzt wird es spannender, denn der Läufer kann an beiden Seiten einhaken, und man weiß nie im Voraus, wer dann weglaufen muss.

Katz und Maus
♟ ♙ 12⁺ ⌂ ♀ ○

Ein Kind spielt die Katze und je nach Anzahl der Spieler gibt es eine bis drei Mäuse. Die anderen Kinder stehen im Kreis und halten sich an den Händen. Die Katze versucht, die Mäuse abzuschlagen. Die Mäuse können durch den Kreis laufen, aber die Kinder versuchen, die Katze daran zu hindern, ihnen zu folgen, indem sie die Arme nur für die Mäuse heben und sie schnell senken, wenn die Katze kommt. Sind alle Mäuse gefangen, werden die Rollen getauscht.

Blinzeln
♙ ✄ 9± ⌂ ♀ ○

Für dieses Spiel braucht man viele Teilnehmer. Sie bilden einen Doppelkreis und schauen alle nach innen. Die Kinder des Innenkreises setzen sich hin (sie können aber auch stehen), die des Außenkreises legen ihre Hände auf den Rücken. Ein Spieler steht im Außenkreis alleine. Er blinzelt einem Spieler im Innenkreis zu und dieser versucht daraufhin, sich vor ihn zu stellen oder zu setzen. Wenn der Spieler hinter dem Angeblinzelten das bemerkt, darf er ihn festhalten.

Hauptverkehrszeit
♧ ✿ 8⁺ ⇧ ○

Die Kinder stehen im Kreis und einer in der Mitte. Er ist der Verkehrspolizist und gibt Anweisungen wie: »Alle Kinder, die einen roten Pulli tragen (oder eine Jeans etc. oder alle Kinder, deren Name mit ›M‹ anfängt) wechseln den Platz.« Sobald die Kinder losgelaufen sind, versucht der Verkehrspolizist, auf einen der frei gewordenen Plätze zu kommen. Derjenige, der nun übrig bleibt, ist der nächste Polizist. Die Kinder dürfen sich die Befehle selbst ausdenken.

Telefonieren
♧ ✿ 8⁺ ⇧ ♀ ○

Die Kinder stehen im Kreis und fassen sich an den Händen. Ein Kind sagt z.B.: »Ich rufe Peter an!« und gibt die Verbindung durch einen unauffälligen Händedruck weiter. Wenn der Händedruck bei Peter angekommen ist, sagt dieser: »Ja, hier ist Peter!« In der Mitte steht ein Kind, das herauszufinden versucht, wo die Verbindung gerade ist. Erwischt es einen beim Händedrücken, dann wechselt es mit diesem den Platz, und jetzt darf Peter jemanden anrufen.

Armer schwarzer Kater
✿ ✂ 8⁺ ⇧ ♀

Ein Kind ist der Kater, die anderen sitzen im Kreis. Der Kater schleicht nun zu einem Kind hin und fängt an, ganz jämmerlich zu miauen. Das Kind, vor dem er sitzt, muss ihn nun streicheln und »armer schwarzer Kater« sagen, ohne zu lachen. Der Kater darf immer aufdringlicher werden, um das Kind herumschleichen, lauter miauen, sich ankuscheln etc. Da muss man schon viel Selbstbeherrschung haben, um ernst zu bleiben! Wer lacht, muss als Nächster den Kater spielen.

Hund und Katz
✿ ✂ 8⁺ ⇧ ○

▶ *zwei kleine Gegenstände*

Ein Kind hat die beiden Gegenstände in der Hand und gibt den ersten seinem rechten Nachbarn mit den Worten: »Das ist ein Hund.« Der Nachbar fragt: »Ein was?« – »Ein Hund!« Der Gegenstand wird nun mit immer den gleichen Worten weitergereicht. Währenddessen gibt das Kind den zweiten Gegenstand seinem linken Nachbarn mit den Worten: »Das ist eine Katze.« – »Eine was?« – »Eine Katze!« Auch das geht so weiter, und wenn Hund und Katz anfangen, durcheinander zu laufen und die Kinder sich vertun, dann wird's spannend (geeignet als Pfänderspiel).

Ringlein, Ringlein
♧ ✿ 8⁺ ⇧ ♀ ○ ♪

▶ *dünner Bindfaden, ein Ring*

Ring-lein, Ring-lein, du musst wan-dern von dem ei-nen Ort zum an-dern, o wie schön, o wie schön, lasst das Ring-lein nur nicht sehn.

Man fädelt einen Ring auf einen langen Bindfaden und knotet dessen Enden zusammen. Dabei achtet man darauf, dass der Ring über den Knoten passt. Der Faden muss so lang sein, dass alle Kinder im Kreis ihn mit beiden Händen anfassen können.
Ein Kind steht in der Mitte und hält sich die Augen mit beiden Händen zu. Die Kinder im Kreis nehmen jetzt den Faden und das Kind in der Mitte öffnet die Augen wieder. Während sie das Lied singen, tun alle Kinder so, als ob sie das Ringlein nach rechts weiterschieben. Wer es wirklich hat, schiebt es auch weiter. Das Kind in der Mitte muss raten, wer das Ringlein gerade verschiebt. Hat es richtig geraten, tauschen die beiden den Platz.

Gedächtnis- und Aufmerksamkeitsspiele, Wort- und Rätselspiele

Erde, Wasser, Luft
♟ ❀ 8⁺ ⌂ ○ ◍

Die Kinder stehen im Kreis. Einer hat den Ball, wirft ihn einem anderen zu und ruft dabei »Erde« oder »Wasser« oder »Luft«. Das Kind, das den Ball fängt, muss sofort ein Tier aus diesem Element sagen. Wer eine falsche Antwort gibt oder kein Tier weiß, scheidet aus oder muss ein Pfand abgeben. Jedes Tier darf nur einmal genannt werden.

Alle Vögel fliegen hoch
♟ ❀ 5⁺ ⌂ ♀ ○

Alle stehen oder sitzen im Kreis. Der Spielleiter ruft »Alle Vögel fliegen hoch« und streckt dabei die Arme in die Luft. Auch die Kinder heben die Arme in die Höhe, weil alle Vögel fliegen können. So werden nach und nach viele Vogelarten oder andere fliegende Wesen genannt und alle machen immer mit, bis plötzlich ein Tier genannt wird, das nicht fliegen kann. Wer dann auch nur leicht die Arme hebt, scheidet aus oder muss ein Pfand abgeben.
Bei älteren Kindern kann jedes einmal Spielleiter sein.

Berufe
♟ ❀ 5⁺ ⌂ ○ ◍

Die Kinder sitzen im Kreis und eines hat einen Ball, den es nun zu einem anderen Kind hinrollt oder -wirft und dabei einen Beruf nennt. Das andere Kind muss nun sofort drei Dinge aufzählen, die mit diesem Beruf zu tun haben; z.B. Gärtner – Spaten, Harke und Schubkarre.
Dauert es zu lange oder macht jemand etwas falsch, so gibt es einen Strafpunkt. Danach wird der Ball weitergerollt und ein anderer Beruf genannt.

Was macht der Zimmermann?
♟ ❀ 5⁺ ⌂

Man bereitet eine kleine Geschichte über einen Beruf vor, in der möglichst viele Werkzeuge vorkommen, die dafür gebraucht werden. Nun wird jedem Kind der Name eines Werkzeuges zugeteilt. Wenn im weiteren Verlauf der Geschichte dieses Werkzeug genannt wird, muss das betreffende Kind »meins!« rufen. Man kann es besonders spannend machen, indem man viele Werkzeuge nacheinander in einem Satz aufzählt. Wer sich nicht meldet, bekommt entweder einen Strafpunkt oder gibt ein Pfand ab. Wer die wenigsten Strafpunkte hat, hat gewonnen.

Stein, Pflanze oder Tier?
♟ ❀ 3⁺ ⌂

Ein Kind denkt sich einen Stein, eine Pflanze oder ein Tier. Die anderen fragen: »Ist es ein Stein, eine Pflanze oder ein Tier?« Das Kind gibt eine Antwort und danach darf es alle Fragen nur noch mit »Ja« oder »Nein« beantworten. Wer das Wort erraten hat, ist als Nächster dran.

Wie viele Streichhölzer?

Man zählt einige Streichhölzer ab und legt sie in einem Haufen auf den Tisch. Nun raten die Kinder, wie viele es sind. Wer richtig rät oder am nächsten dran ist, bekommt drei Punkte, der Nächste zwei und der Dritte einen. Wer nach ein paar Runden die meisten Punkte hat, hat gewonnen. Legen Sie vorher fest, wie viele Runden es gibt.

Ich sehe was, was du nicht siehst

Ein Kind sagt: »Ich sehe was, was du nicht siehst, und das ist rot.« Die anderen müssen raten, welcher Gegenstand es ist. Wer es erraten hat, ist nun selbst an der Reihe und fragt nach einem anderen Gegenstand.

Ich packe meinen Koffer

Der erste Spieler beginnt mit »Ich fahre nach Amerika und packe in meinen Koffer einen ...« (Pulli, Badehose etc.). Der Nächste wiederholt den Satz und fügt noch einen Gegenstand hinzu. Dabei muss jeder alle Gegenstände seiner Vorgänger in der richtigen Reihenfolge aufsagen. Wer etwas vergisst oder falsch sagt, scheidet aus.

Zehn Buchstaben

▸ *Papier und Bleistifte*

Die Kinder nennen der Reihe nach einen Buchstaben, wobei Vokale und Konsonanten ausgewogen verteilt sein sollten, weil man sonst keine Wörter daraus bilden kann. Hat man zehn Buchstaben beisammen, dann bildet jeder daraus so viele Wörter wie möglich.

Was hab ich eingekauft?

Ein Kind denkt sich einen Gegenstand, den es gekauft hat, und sagt: »Ich war auf dem Markt und habe da etwas gekauft, aber ich weiß nicht mehr, wie es heißt.« Die anderen Kinder raten nun, was es ist. Der Käufer darf die Fragen nur mit »Ja« und »Nein« beantworten. Wer es erraten hat, kommt selbst an die Reihe.

Wer ist das wohl?

▸ *Papier und Bleistifte*

Ein Rätselspiel für Kinder, die sich gut kennen. Jeder schreibt ein paar Dinge über sich selbst auf: sein Lieblingsessen, seine Hobbys, seine bevorzugte Popgruppe u.Ä. Man muss vorher absprechen, welche Dinge es sein sollen. Dann falten die Kinder die Zettel zusammen und werfen sie in ein Körbchen. Sie werden gemischt und jeder darf wieder einen ziehen. Nun werden sie der Reihe nach vorgelesen und die Kinder raten, wer den jeweiligen Zettel wohl geschrieben hat.

Ohne Sieben

Die Kinder zählen der Reihe nach laut; jeder sagt eine Zahl. Alle Zahlen, in denen eine Sieben vorkommt oder die durch sieben teilbar sind, müssen ausgelassen werden. Wer eine Siebenerzahl sagt, scheidet aus. Es wird so lange gezählt, bis nur noch einer übrig ist – der ist der Sieger.

Variation:
Mit der Zahl Fünf ist das Spiel einfacher!

Kommando Bimberle

♲ ✄ 3⁺ ⬠ ♀ 🔨

Die Kinder sitzen am Tisch. Der Spielleiter oder eines der Kinder gibt das Kommando. Ihm stehen sieben verschiedene Kommandos zur Auswahl: Bimberle, Loch, Doppelloch, Turm, Doppelturm, Hoch und Flach (siehe nebenstehende Abb.). Sowohl der Spielleiter als auch die Kinder führen bei jedem Kommando die entsprechende Bewegung mit den Händen aus, sie dürfen dies aber nur, wenn der Spielleiter vorher »Kommando« sagt. Sagt er z.B. nur »Flach«, dann gilt das nicht und die Hände müssen in der Haltung des vorigen Kommandos bleiben. Die Kommandos können sehr schnell aufeinander folgen. Um zu verwirren, kann der Spielleiter auch ein anderes Kommando geben, als er mit den Händen ausführt. Ein Spieler scheidet aus, wenn er die Hände dann bewegt, wenn er es gar nicht soll, wenn er sie nicht bewegt, obwohl er soll, oder wenn er ein falsches Kommando ausführt.

Detektiv

♲ ✄ 4⁺ ⬠

Eines der Kinder spielt den Detektiv und muss hinausgehen. Nun wird ein Gangsterboss ausgesucht, und wenn der Detektiv wieder hereinkommt, müssen alle Kinder die Bewegungen des Gangsterbosses nachahmen, ohne dass auffällt, wer von den Kindern die Bewegungen als Erster ausführt. Der Detektiv muss herausfinden, wer der Gangsterboss ist.

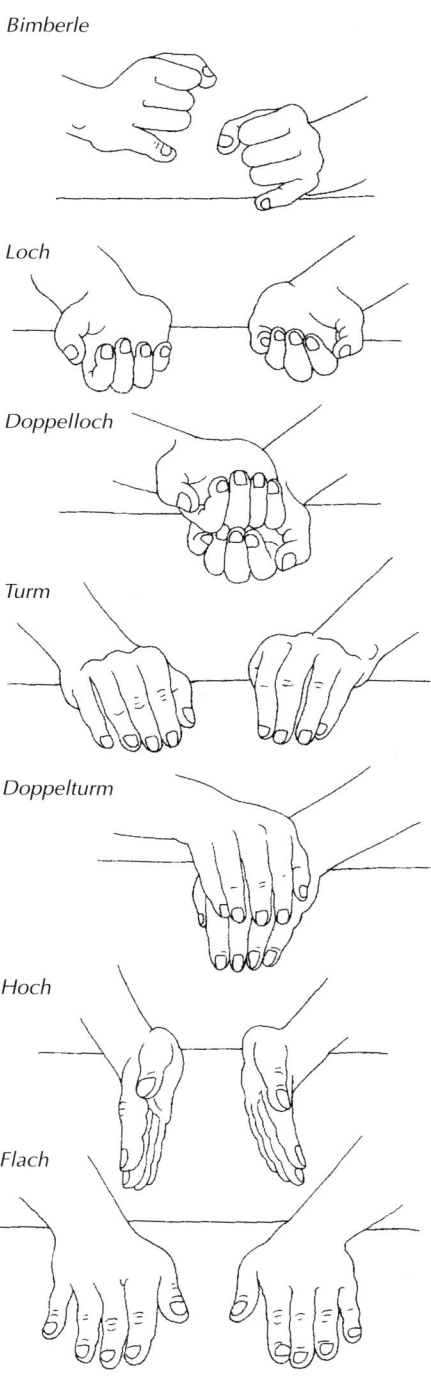

Bimberle

Loch

Doppelloch

Turm

Doppelturm

Hoch

Flach

Inserat

♲ ✄ ✳ ⬠

▶ *Papier, Bleistifte*

Man faltet für jeden Spieler ein Blatt Papier in sechs bis acht Streifen und legt dann fest, welche Dinge in welcher Reihenfolge in die Anzeige gehören: z.B. erst der Produktname, dann der Preis, dann eine Produktbeschreibung und zum Schluss noch einen Laden, wo man es kaufen kann. Jeder Spieler füllt auf seinem Blatt die erste Spalte aus. Danach knickt er den ersten Streifen nach hinten und gibt das Blatt seinem Nachbarn, der nun die zweite Spalte ausfüllt. Das geht so weiter, bis die Anzeige komplett ist, dann werden alle vorgelesen.

Variation 1:

Dasselbe Spiel kann man natürlich auch mit einer Geschichte machen: Jedes Kind schreibt einen Satz auf den ersten Streifen – nur das letzte Wort kommt nach dem Umknicken auf den zweiten. Der Satz des nächsten Kindes muss dieses Wort aufgreifen.

Variation 2:

Der erste Zeichner malt einen Kopf und lässt den Hals etwas über den Knick hinwegreichen. Der Nächste malt die Schulterpartie, dann kommen Bauch und Arme, dann die Beine und zuletzt die Füße.

Eine Reise nach Amsterdam

♲ ✄ ✳ ⬠

Der Reihe nach denken die Kinder sich drei Wörter, die alle mit dem gleichen Buchstaben anfangen, und machen dann einen Satz daraus, z.B.: »Ich fahre nach *Amsterdam* und esse am *Abend Apfelkuchen*.«

Variation: Angenehm, Robert ...

Jeder Spieler stellt sich selbst vor, wobei alle Hauptwörter mit dem gleichen Buchstaben anfangen müssen wie sein Vorname. Beispiel: »Ich bin Robert, der Reiter aus Regensburg ...«

Wer bist du?
🎲 ✂ ✳ ⌂

Eines der Kinder denkt an eine bestimmte Person, die alle kennen. Der Reihe nach stellen die Kinder jetzt Fragen, um den Betreffenden zu erraten. Es darf nur mit »Ja« oder »Nein« geantwortet werden. Wer ein Ja als Antwort bekommt, kann weiterfragen – bei einem Nein kommt der Nächste dran. Wer herausbekommt, um wen es geht, darf nun selbst eine Person bestimmen, die erraten werden soll.

Kleidertausch
🎲 ✂ 5⁺ ⌂

▶ verschiedene Bekleidungsstücke

Mitten im Zimmer liegen einige Kleidungsstücke und alle ziehen ein Teil davon an, ausgenommen ein Kind, das sich einzuprägen versucht, was die anderen angezogen haben. Dann verlässt es den Raum. Nun vertauschen die anderen die Kleidungsstücke und anschließend darf das Kind raten, wer was mit wem getauscht hat. Je mehr Kinder da sind, umso schwieriger ist das Spiel. Will man es mehrmals spielen, sollte man die Bekleidungsstücke austauschen, sonst wird es langweilig.

Teekesselchen
🎲 ✂ 6⁺ ⌂ ♀

Zwei Kinder verlassen den Raum und suchen sich ein Wort aus, das zwei Bedeutungen hat. Mit dem Wort »Golf« kann z.B. entweder eine Meeresbucht oder das Spiel gemeint sein.

Nun kommen sie wieder herein und stellen abwechselnd ihr Teekesselchen vor, indem sie es umschreiben. Der eine sagt: »Auf meinem fahren Schiffe«, der andere: »Mein Teekesselchen macht man meist am Samstag.« Sie fahren so lange fort, bis die anderen Kinder das Wort erraten haben.

Für wen ist der Koffer?
🎲 ✂ 5⁺ ⌂

▶ Papier, Bleistifte

Nachdem ein Kind den Raum verlassen hat, besprechen die anderen, für wen sie einen Koffer packen wollen. Jeder nennt einen Gegenstand, den er für die betreffende Person in den Koffer legen möchte, und schreibt ihn auf einen Zettel, der zusammengefaltet und in ein Körbchen gelegt wird. Dann kommt das Kind wieder herein, nimmt einen Zettel aus dem Körbchen und soll raten, für wen dieser Gegenstand in den Koffer gepackt wurde. Es nimmt so viele Zettelchen, bis es erraten hat, wessen Koffer es war. Danach geht der nächste Spieler hinaus. Wer die wenigsten Zettel braucht, um den Richtigen zu erraten, hat gewonnen.

Wortreigen
🎲 ✂ 6⁺ ⌂ ◯ ⊘

▶ ein Ball

Die Kinder stehen im Kreis. Eines von ihnen sucht sich ein zusammengesetztes Wort aus, wie z.B. »Rosenbusch«, und sagt es laut, während es den Ball einem anderen Kind zuwirft. Dieses wirft ihn weiter und sagt dabei ein Wort, das mit dem zweiten Teil des ersten Wortes beginnt, also z.B. »Buschmann«. Der Nächste sagt »Mannschaft« etc. Wer kein Wort weiß, scheidet aus oder muss ein Pfand abgeben.

Variation:

Die Kinder stellen Wörter zusammen, die alle mit dem gleichen Wortteil beginnen: Postbote, Postpaket, Postkutsche, Postamt etc. Das Kind, dem kein Wort mehr einfällt, scheidet aus. Ein anderes Kind beginnt dann mit einem neuen Wort und man spielt so lange, bis nur noch einer übrig ist.

Quiz

▶ *Liste mit Fragen*

Für ein Quiz braucht man mindestens zwei Mannschaften und muss vorher eine Liste mit Fragen zusammenstellen. Es gibt zwei Sorten von Quizfragen: Für die einen benötigt man ein bestimmtes Wissen, wie z.B.: »Welcher Stern zeigt Norden an?« oder: »Wie heißt die neueste CD von ...?«, die anderen sind Rätsel- und Knobelfragen wie: »Was hat viele Löcher und ist doch voller Wasser?« oder: »Welcher Hut passt nicht auf den Kopf?« In der Bibliothek finden Sie reihenweise Bücher mit solchen Fragen. Stellen Sie immer abwechselnd an jedes Team eine Frage. Beantwortet eine Mannschaft die Frage richtig, bekommt sie zwei Punkte. Ist die Antwort falsch, so wird die Frage noch mal an die andere Mannschaft gestellt und diese bekommt einen Punkt für die richtige Antwort. Vorher muss abgesprochen werden, wie lange jede Gruppe überlegen darf. Die Mannschaft mit den meisten Punkten hat gewonnen.

Variation 1:

Die Fragen werden an beide Gruppen gleichzeitig gestellt, und wer zuerst die Hand hebt, darf antworten. Wenn eine falsche Antwort kommt, darf die andere Gruppe antworten.

Variation 2:

Der Spielleiter gibt beiden Gruppen gleichzeitig eine Liste mit allen Fragen. Die Gruppe, die zuerst fertig ist, bekommt fünf Punkte, jede richtige Antwort wird bei beiden Gruppen mit einem Punkt belohnt.

Reise mit Hindernissen

✂ 4⁺ ⌂

Ein Kind verlässt den Raum und denkt sich eine Reisegeschichte aus. In der Zwischenzeit überlegen sich die anderen einige Wörter. Das Kind kommt wieder herein, erzählt seine Geschichte und zeigt dabei immer wieder auf einen der Zuhörer, der ihm dann das Wort nennt, das er sich eingeprägt hat. Dieses Wort muss der Erzähler in seine Geschichte einbauen, die dadurch eine überraschende Wendung nehmen kann.

Ruhige Spiele

Seifenblasen

⬡ 🎲 ✳ ⌂ ♀

▶ *Eisendraht, Spülmittel oder fertige Lösung für Seifenblasen*

Es gibt Fläschchen mit fertiger Seifenblasenlösung zu kaufen, aber man kann auch einfach Spülmittel nehmen, das allerdings gut verdünnt sein muss. Am besten probiert man es vorher einmal aus.

Mit dem Eisendraht biegt man eine Öse von ungefähr 2 cm Durchmesser und befestigt sie an einem Stöckchen. Die Kinder tauchen die Ösen in die Seifenlauge und blasen vorsichtig hindurch. So entstehen viele herrliche Seifenblasen.

sie riechen alle der Reihe nach an den Dingen. Jüngere Kinder werden gleich sagen, was sie gerochen haben, die älteren können es am Schluss, nachdem sie die Augenbinde abgenommen haben, alles aufschreiben.

Passen Sie den Inhalt der Schälchen an das Alter der Kinder an – für die Kleinen sollte es nicht zu schwierig sein.

Geschmacks-Kim
🎲 🖊 4⁺ ⌂ 🎏 ✏

Hierbei setzen sich die Kinder mit verbundenen Augen an den Tisch und jedes bekommt einen Teller mit kleinen Stückchen essbarer Dinge: Schokolade, Kuchen, Möhre, Käse ... Auf ein Zeichen des Spielleiters dürfen sie alles der Reihe nach probieren und schreiben anschließend auf, was sie geschmeckt haben.

Tast-Kim
🎲 🖊 6⁺ ⌂ ○ ✏

▶ *verschiedene kleine Gegenstände*

Die Kinder stehen mit den Händen auf dem Rücken im Kreis. Der Spielleiter gibt einen Gegenstand nach dem anderen durch. Die Kinder dürfen die Gegenstände nicht sehen, sondern nur mit den Händen auf dem Rücken ertasten. Anschließend schreiben sie auf, was sie alles ertastet haben. Bei älteren Kindern kann man ruhig schwierigere Gegenstände aussuchen.

Variation:
Man kann die Gegenstände auch in einen Korb legen, mit einem Tuch abdecken und die Kinder der Reihe nach fühlen lassen.

Kim
🎲 🖊 ✳ ⌂ 🎏

▶ *verschiedene kleine Gegenstände, Tuch*

Man legt einige kleine Gegenstände auf den Tisch und deckt sie mit einem Tuch zu. Ein Kind nach dem anderen darf nun je nach Alter und Anzahl der Gegenstände 20 bis 30 Sekunden lang die Sachen anschauen. Dann werden sie erneut zugedeckt und das Kind muss erzählen oder aufschreiben, was es sich davon merken konnte.

Riech-Kim
🎲 🖊 4⁺ ⌂ 🎏 ✏

▶ *duftende Dinge und Lebensmittel*

Bereiten Sie ein Tablett mit duftenden Dingen vor, z.B. kleine Schälchen mit einem Stück Orange, einem Stück Seife, Erdnussbutter, Teeblättern usw. Den Kindern werden die Augen verbunden und

Mikado
🎲 🖊 4-8 ⌂ 🎏

▶ *Mikadospiel oder Schaschlikspieße*

Lassen Sie ein Bündel Mikadostäbchen oder Schaschlikspieße direkt über dem Tisch so fallen, dass sie kreuz und quer liegen. Jeder Spieler versucht nun, so viele Stäbchen wie möglich aus dem Haufen zu holen, ohne dass die anderen sich bewegen. Bewegt sich eines, ist der Nächste an der Reihe. Wer am Ende die meisten Stäbchen hat, ist der Sieger.

Bonbons sammeln
🎲 🖊 3⁺ ⌂ 🎏

▶ *eine Schale mit Bonbons, ein stumpfes Messer, ein Würfel*

Auf dem Tisch steht eine Schale mit Bonbons. Die Kinder würfeln, und wer eine Sechs würfelt, versucht so lange mit dem Messer Bonbons aus der Schale zu holen, bis ein anderer eine Sechs würfelt. Dann bekommt dieser das Messer.

Wer, was, wo
🎲 🖊 3⁺ ⌂

▶ *Papier in drei Farben und Bleistifte*

Jedes Kind bekommt drei verschiedenfarbige Zettel. Auf die eine Farbe schreiben sie irgendeinen Beruf, auf die nächste eine Tätigkeit und auf die dritte einen beliebigen Ort. Die Zettel werden zusammengefaltet und in ein Körbchen geworfen. Nach dem Mischen holen alle Kinder einen Zettel von jeder Farbe heraus und lesen sie vor. Da entstehen verrückte Kombinationen wie z.B.: »Der Bürgermeister melkt im Turm.« Man kann ausgehend von den Sätzen auch ganze Geschichten mit den Kindern erfinden.

Fertig zeichnen
🐚 🐞 ❄ ⌂ 🐑

▶ *Bleistift und Papier*

Ein Kind zeichnet irgendeine Form auf ein Blatt Papier und reicht es weiter. Die anderen ergänzen diese Form nun der Reihe nach. So kann aus einem Viereck ein Würfel werden, dann ein Haus oder aus einem Kreis ein Zifferblatt usw.

Blinde Kunst
🐞 ✂ 4⁺ ⌂ 👫 ✎

▶ *Tücher, Papier, Bleistifte, verschiedene Gegenstände*

Die Kinder bilden Paare und setzen sich jeweils Rücken an Rücken. Verbinden Sie einem der beiden die Augen und geben Sie ihm einen der Gegenstände in die Hand. Er soll nun den Gegenstand genau beschreiben, ohne zu sagen, was es ist, und sein Partner zeichnet, was er sagt. Nun werden die Rollen getauscht und das Spiel fängt mit einem anderen Gegenstand noch einmal von vorn an. Wenn alle fertig sind, schaut man die Zeichnungen gemeinsam an. Erkennt man, was gemeint war?

Wie lange?
🐞 ✂ 4⁺ ⌂

Dieses Spiel bringt zwischendurch wieder Ruhe und Konzentration in eine Gruppe. Der Spielleiter sagt, dass er jetzt in völliger Stille zwanzig Sekunden ausharren wird. Die Kinder dürfen raten, wann die zwanzig Sekunden um sind, und rufen dann »stop!«. Wer zu früh »stop« ruft, scheidet aus.

Meine Streichhölzer sind alle!
🐞 ✂ 4⁺ ⌂ 🐑

▶ *Schüssel, Streichhölzer, ein Würfel*

Jeder Spieler bekommt zehn Streichhölzer. Wer zuerst eine Sechs würfelt, darf beginnen. Die Augenzahl, die er dann würfelt, bestimmt die Anzahl Streichhölzer, die er in die Schüssel legen muss. Würfelt einer mehr Augen, als er noch Streichhölzer hat, so muss er diese Anzahl Streichhölzer aus der Schale herausnehmen. Wer zuerst kein Streichholz mehr hat, hat gewonnen.

Fuchs und Gänse
🐞 ✂ 5 ⌂ 🐑

▶ *ein Dame- oder Schachbrett oder ein fester Karton, in 64 Fächer eingeteilt und wie ein Schachbrett angemalt, ein schwarzer Damestein und vier weiße, oder Knöpfe*

Der Fuchs und die vier Gänse stehen auf schwarzen Feldern; jeder Spieler hat einen Stein oder Knopf. Der Fuchs beginnt auf der einen Seite, die Gänse in einer Reihe auf der anderen. Sie gehen der Reihe nach immer ein Feld weiter, dürfen aber nur auf schwarzen Feldern sitzen und keine überspringen. Der Fuchs muss versuchen, durch die Reihe der Gänse hindurch auf die andere Seite zu kommen. Die Gänse sollen das verhindern und versuchen, den Fuchs einzukreisen. Kann der Fuchs die Reihe der Gänse durchbrechen, hat er gewonnen. Die Gänse sind Sieger, wenn sie den Fuchs in eine Ecke treiben, aus der er nicht mehr herauskommt.

Sag nicht »äh«
🐞 ✂ ❄ ⌂ ♀

Dieses Spiel ist besonders geeignet, wenn eines der Kinder immer noch kein Pfand abgegeben hat: Das Kind soll zu einem vom Spielleiter bestimmten Thema eine kleine Geschichte erzählen und darf dabei zwei Wörter nicht benutzen: das Wort »äh« und ein anderes, das mit dem gewählten Thema zu tun hat.

Variation:
Der Spielleiter stellt Fragen an das Kind. Es darf nicht mit »Ja« und »Nein« antworten.

Kreative Spiele

Wer hat die längste Schlange?
🕸 ✂ ✳ ⌂

▸ *Zeitung*

Alle Kinder bekommen ein Zeitungsblatt und dürfen daraus eine Schlange reißen. Wer die längste Schlange hat, ist Sieger.

Mumien wickeln
🕸 ✂ 6± ⌂ 👬

▸ *Toilettenpapier*

Die Kinder bilden Paare und jedes Paar bekommt eine Rolle Toilettenpapier. Einer wickelt nun den anderen ein, so lange, bis er wie eine Mumie aussieht. Das Paar, das zuerst fertig ist und auch die »schönste« Mumie hat, hat gewonnen.

Pantomime
🕸 ✂ 9⁺ ⌂ 👬

Die Kinder werden in mehrere Gruppen aufgeteilt und bekommen fünf bis zehn Minuten Zeit, sich eine kurze Szene auszudenken. Sie dürfen sich nur durch Gebärden ausdrücken, Sprechen ist nicht erlaubt. Die Gruppen spielen sich ihre Stücke gegenseitig vor und die anderen raten, was für ein Thema dargestellt wird. Will man einen Pantomimen-Wettbewerb veranstalten, dann bestimmt man eine Jury, die beurteilt, welche Gruppe am besten gespielt hat.

Pantomime mit zusammengesetzten Wörtern
🕸 ✂ ✳ ⌂

Zwei Kinder gehen hinaus und überlegen sich miteinander ein zusammengesetztes Wort wie z.B. »Glockenturm«. Jeder von ihnen übernimmt einen der beiden Wortteile und spielt ihn den anderen Kindern vor. Wer das Wort erraten hat, darf sich einen Partner aussuchen und mit ihm das nächste Wort ausdenken.

Kettenpantomime
🕸 ✂ 8⁺ ⌂

Mindestens drei Kinder gehen hinaus und die übrigen wählen eine Handlungsfolge wie z.B. Teppich klopfen. Nun kommt das erste Kind herein und jemand spielt ihm pantomimisch das Teppichklopfen vor. Danach kommt das zweite Kind herein und nun führt das erste ihm vor, was es gesehen hat usw. Der Letzte darf raten, was ihm vorgespielt wurde.

Modenschau
🕸 ✂ 6⁺ ⌂ 👬 ✂

▸ *Zeitungen, Scheren und Tesafilm*

Man bildet Gruppen von zwei oder drei Kindern und gibt ihnen ungefähr eine Viertelstunde Zeit, um ein Kleidungsstück aus den Zeitungsbögen zu basteln. Danach kann die Modenschau beginnen. Wenn Sie die Modenschau am Schluss des Festes veranstalten, können die Eltern, die die Kinder abholen, die Jury spielen.

Welche Band spielt zuerst?
🕸 ✂ 8⁺ ⌂ 👬

▸ *verschiedene Gegenstände, mit denen man Musik machen kann, wie z.B. leere Flaschen, Büchsen, Löffel, Gummibänder, ein Kamm und Seidenpapier, Schüsselchen, Weingläser, Bindfaden*

Die Kinder werden in Gruppen eingeteilt und bekommen die Aufgabe, innerhalb einer halben Stunde aus dem vorhandenen Material ein Instrument zu bauen und darauf zu spielen; wenn nötig kann man die Zeit verlängern. Dies ist ein sehr kreatives Spiel für musikalische und erfinderische Kinder und man muss vorher eine Menge vorbereiten, um genug Material zu haben. Flaschen, die mit unterschiedlich viel Wasser gefüllt sind, können zu einem Glockenspiel werden, Töpfe und Pfannen eignen sich als Schlagzeug, aus einem festen Karton und einem Bindfaden kann man einen einfachen Bass anfertigen. Summt man durch einen Kamm, über den man etwas Seiden- oder Butterbrotpapier gelegt hat, ergibt sich ein eigenartiger Klang, und aus unterschiedlich langen Bambusröhrchen, die man aneinander bindet, kann man eine Panflöte herstellen.

Dichte ein neues Lied
♻ ✂ 6⁺ ⌂ ♐♐

Man verteilt die Kinder in Gruppen und gibt ihnen den Auftrag, auf eine bekannte Melodie einen neuen Text zu erfinden.

Fortsetzungsgeschichte
♻ ✂ 3⁺ ⌂

▶ *Postkarten mit beliebigen Bildern (z.B. von Gegenständen) oder selbst gemachte Kärtchen*

Schneiden Sie die Kärtchen entweder schon vor dem Fest oder mit den Kindern gemeinsam aus. Malen Sie etwas darauf oder schneiden Sie Bilder aus Zeitschriften heraus und kleben Sie sie auf die Karten. Dann mischt man die Karten mit der Bildseite nach unten und legt sie aus. Jedes Kind nimmt eine davon. Nun beginnt das erste, eine Geschichte zu erzählen, die zu seiner Karte passt. Der Nächste erzählt die Geschichte weiter, muss dabei aber das Bild auf seiner Karte aufgreifen.

Basteln

Perlen auffädeln
⬙ ⬚ ✳ ⌂ ⬟ ✂

▶ *Perlen, oder Perlen aus schnell trocknender Knetmasse, Farbe, Pinsel, dicker Faden, dicke Stopfnadeln, schnell trocknender Lack*

Sie können die Kinder entweder Ketten aus unterschiedlichen gekauften Perlen fädeln lassen oder vorher aus schnell trocknender Knetmasse selbst welche formen: Man knetet kleine Kugeln oder Eier und durchsticht sie mit einer Nadel oder einem Schaschlikspieß. Während des Festes können die Kinder die Perlen anmalen und auffädeln. Am Schluss müssen Sie die Ketten mit Lack besprühen, damit sie nicht abfärben.

Variation:
Nehmen Sie statt Perlen Süßigkeiten: z.B. Rosinen, Trockenfrüchte, weiche Bonbons, in Papier eingewickelte Bonbons.

Sie müssen damit rechnen, dass während des Auffädelns viel genascht wird, und deshalb genug Süßigkeiten besorgen.

Gebäck verzieren
⬙ ⬚ ✳ ⌂ ⬟ ✂

▶ *Lebkuchen oder Plätzchen, Zuckerguss, Nüsse, Schokoladekugeln, Liebesperlen, Pinsel und Backpapier*

Rezept für Zuckerguss:
25 g Puderzucker
1-2 TL Eischnee
Die Zutaten werden miteinander verrührt. Die Masse muss zähflüssig sein. Geben Sie wenn nötig noch Puderzucker zu. Das Gefäß muss abgedeckt werden, damit der Zuckerguss nicht eintrocknet. Wenn man Kakaopulver hinzufügt, bekommt man braunen Guss.

Man kann beinahe alle Plätzchenarten mit glatter und ebener Oberfläche verzieren. Für Kleinkinder nimmt man am besten Mürbteigplätzchen, dann können sie ganz viele verzieren. Für die Großen sind Lebkuchen besser, weil sie oft mit viel Geduld und Geschick auch größere Flächen herrlich verzieren. Der Zuckerguss wird als »Leim« benutzt. Ein Klecks Guss klebt die Nüsse oder Süßigkeiten auf dem Gebäck fest. Man kann mit dem Zuckerguss auch auf die Plätzchen schreiben.
Jedes Kind bekommt ein Stück Backpapier als Unterlage und in der Mitte des Tisches stehen Schälchen mit allen Leckereien.

Malen

▶ Farben, Pinsel, Papier

Die Kinder malen meist sehr gerne und kommen dabei zur Ruhe. Entweder sie bestimmen selbst, was sie malen, oder sie greifen etwas aus einer Geschichte wieder auf, die im Laufe des Festes erzählt wurde, oder sie malen eines der gemeinsamen Erlebnisse.

Gebildebrote

▶ Brotteig

Der Teig sollte bereits an einem warmen Platz gehen, wenn das Fest beginnt. Vorbereitungszeit: ca. 2-4 Stunden.

Zutaten für acht Figuren:
500 gr Weizenmehl
1/2 EL Hefe, in
300 ml lauwarmer Milch aufgelöst
50 gr nicht zu kalte Butter
1/2 EL Salz
3 EL Zucker
1/2 EL Anissamen

Zum Bestreichen:
1 Eigelb, mit etwas Milch verquirlt

Drücken Sie eine Vertiefung in das Mehl, gießen Sie die in etwas lauwarmer Milch aufgelöste Hefe hinein und rühren Sie etwas von dem Mehl in die Flüssigkeit. Nun geben Sie kleine Butterstückchen, das Salz und den Zucker dazu und lassen den Vorteig ca. 20 Minuten an einem warmen Ort zugedeckt (z.B. im Wasserbad oder über der Heizung) gehen. Verrühren Sie danach alles zu einem Teig und kneten Sie ihn so lange auf einer bemehlten Fläche, bis er geschmeidig ist und nicht mehr klebt. Dann kann er erneut zum Gehen an einen warmen Ort gestellt werden, wo er ca. eine bis drei Stunden bleibt. Dabei sollte er sein Volumen etwa verdoppeln. Anschließend dürfen die Kinder Figuren aus dem Teig kneten, während der Ofen vorgeheizt wird. Die Gebildebrote werden mit einem Gemisch aus Eigelb und Milch bepinselt und bei ca. 225 °C ungefähr 20 Minuten auf mittlerer Schiene gebacken.

Salzteigfiguren

▶ Salzteig

Zutaten für ca. acht Figuren:
4 Tassen Mehl
4 Tassen Salz
1 1/3 Tassen Wasser
Pinsel
Wasserfarben
dünner Draht
Holzspieße

Mit Salzteig zu arbeiten erfordert einige Vorbereitungen. Am besten probieren Sie alles vorher einmal aus, vor allem das Trocknen im Ofen. Ist die Ofentemperatur zu hoch, dann wird der Teig zu schnell braun, aber auch wenn Sie die Figuren im Ofen auf unterschiedlicher Höhe backen, können Farbunterschiede entstehen.
Mehl und Salz werden vermischt und danach mit dem Wasser verknetet. Der Teig soll geschmeidig sein und nicht kleben.
Lassen Sie die Kinder auf einem bemehlten Stück Backpapier Figuren kneten. Backen Sie diese auf mittlerer Schiene zuerst eine halbe Stunde bei 100-150 °C und danach bei etwas höherer Temperatur.

Karten mit beweglichen Figuren

▶ fester Karton oder Blanko-Postkarten, scharfe Scheren, Buntstifte oder Wachsmalstifte, eventuell Musterbeutelklammern

Zuerst malen die Kinder ein Bild auf die Karte, am besten eines mit einer Art »Grenze«, z.B. zwischen Wasser und Ufer. In diese Grenzlinie können sie einen kleinen Schlitz schneiden und darin

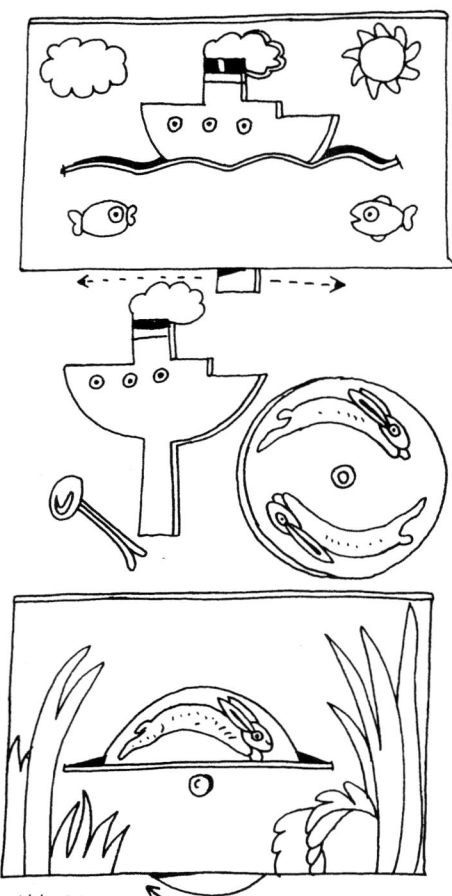

Abb. 24

Schlitz, der ins Bild geschnitten wird, muss gerade groß genug für die Scheibe sein. Die Kinder malen Figuren auf den Rand der Scheibe und schneiden sie aus, dann befestigt man die Scheibe mit einer Musterbeutelklammer an der Karte. Wenn man sie dreht, erscheinen immer neue Figuren. Raten Sie den Kindern ab, Menschen zu malen, weil diese auf dem Rücken oder auf der Seite liegend zum Vorschein kommen und auf dem Bauch wieder verschwinden (Abb. 24).

Überraschungskarten
🐌🌸❄️🏠🐟✂️

▶ *Blanko-Briefkarten, Wachsmalstifte, Zahnstocher oder dicke Nadeln, Zeitungen*

Die Zeitungen werden als Malunterlage benutzt.
Die Kinder bemalen die Karten mit verschiedenen Farben und übermalen das Ganze anschließend mit Schwarz oder Dunkelblau. Dann kratzen sie mit einem Zahnstocher oder einem anderen spitzen Gegenstand Formen in die dunkle Farbschicht. Dabei entstehen überraschende Effekte.

Große Kieselsteine bemalen
🐌🌸❄️🏠♀🐟✂️

▶ *Steine, Wasserfarben, Pinsel und schnell trocknender Lack*

Sammeln Sie schon vor dem Fest große Kieselsteine oder lassen Sie die Kinder bei einem Spaziergang selber welche suchen. Anschließend dürfen sie sie mit Wasserfarben bemalen. Dabei können die Steine in die wunderlichsten Dinge verwandelt werden. Sobald die Farbe getrocknet ist, müssen die Steine lackiert werden.

z.B. ein Entchen oder ein Boot »schwimmen lassen«. Auf einem anderen Stück Papier malen sie eine Ente oder ein Boot und schneiden es aus. An der unteren Seite soll ein Streifen stehen bleiben, den man in den Schlitz steckt. Wenn man ihn hin- und herzieht, »schwimmt« die Figur auf dem Wasser. Durch einen Schlitz im Ast eines Baumes kann man ein Eichhörnchen umherhüpfen lassen. Anstatt einzelne Figuren zu basteln kann man mit älteren Kindern auch eine ganze Reihe verschiedener Figuren am Rand einer runden Scheibe ausschneiden. Diese Scheiben sollten Sie am besten vorher schon zugeschnitten haben; sie müssen kleiner als die Karten sein. Der

Wurfzapfen
🐌🌸❄️🏠♀🐟✂️

▶ *Tannenzapfen, Schnur, Krepp-Papier (50 x 15 cm)*

Das Krepp-Papier wird in Streifen geschnitten, die an einer Seite noch miteinander verbunden sind. Das zusammenhängende Ende rollt man zusammen und umwickelt es mit einem Faden. Mit demselben Faden bindet man diesen Krepp-Papier-Schweif am unteren Ende eines Tannenzapfens fest. Anschließend wird noch ein anderes Stück Schnur an dem Tannenzapfen festgebunden (Abb. 25). Die Kinder drehen den Wurfzapfen durch die Luft und lassen ihn dann los. Beim Fliegen erzeugt er ein leises Geräusch und die Bänder flattern hinterher. Passen Sie auf, dass die Kinder nicht dahin werfen, wo andere stehen.

Variation:
Wenn Sie keine Tannenzapfen haben, können Sie auch Sandsäckchen nähen und die Bänder daran befestigen.

Abb. 25

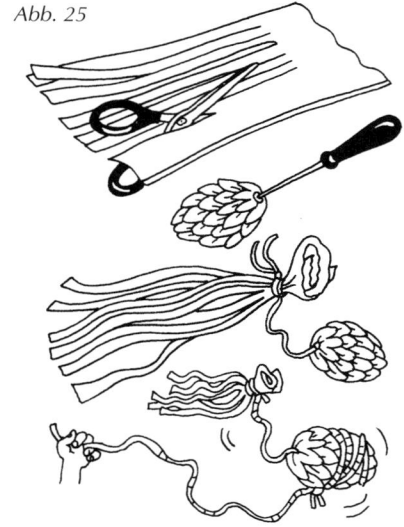

Kreisel

🐢🌼❄🏠🐏✂

▶ große Perlen, Karton, Zahnstocher, Buntstifte

Als Vorbereitung leimt man die Zahnstocher in die Perlen und achtet darauf, dass sie auf der einen Seite ein kleines Stück herausschauen. Aus dem Karton werden Kreise von 5-6 cm Durchmesser ausgeschnitten, abhängig von der Größe der Perlen. Die Kinder bemalen eine Seite der Scheibe. Nun wird in deren Mitte ein kleines Loch gestochen und der Zahnstocher hindurchgesteckt. Er muss ganz fest sitzen.

Papierpuppen anziehen

🐢🌼❄🏠🐏✂

▶ fester weißer Karton, Scheren, Klebstoff, alte Zeitschriften und farbiges Papier

Für diese Bastelei müssen Sie einiges vorbereiten. Zeichnen Sie auf den weißen Karton so viele Puppen, wie Gäste kommen. Sie können Abb. 28 kopieren und vergrößern. Lassen Sie genügend Karton für die Haare stehen, dann können die Kinder wählen, ob es ein Junge oder ein Mädchen sein soll, indem sie die Frisur selbst in die richtige Form schneiden. Die Kinder bemalen jetzt Gesicht und Haare und danach können sie eine Garderobe für die Puppen basteln. Sie legen die Puppen auf das bunte Papier oder auf eine schöne Seite einer Zeitschrift und malen die Konturen der Kleidungsstücke auf. Beim Ausschneiden muss darauf geachtet werden, dass kleine Streifen stehen bleiben, die nachher um die Puppen geknickt werden.

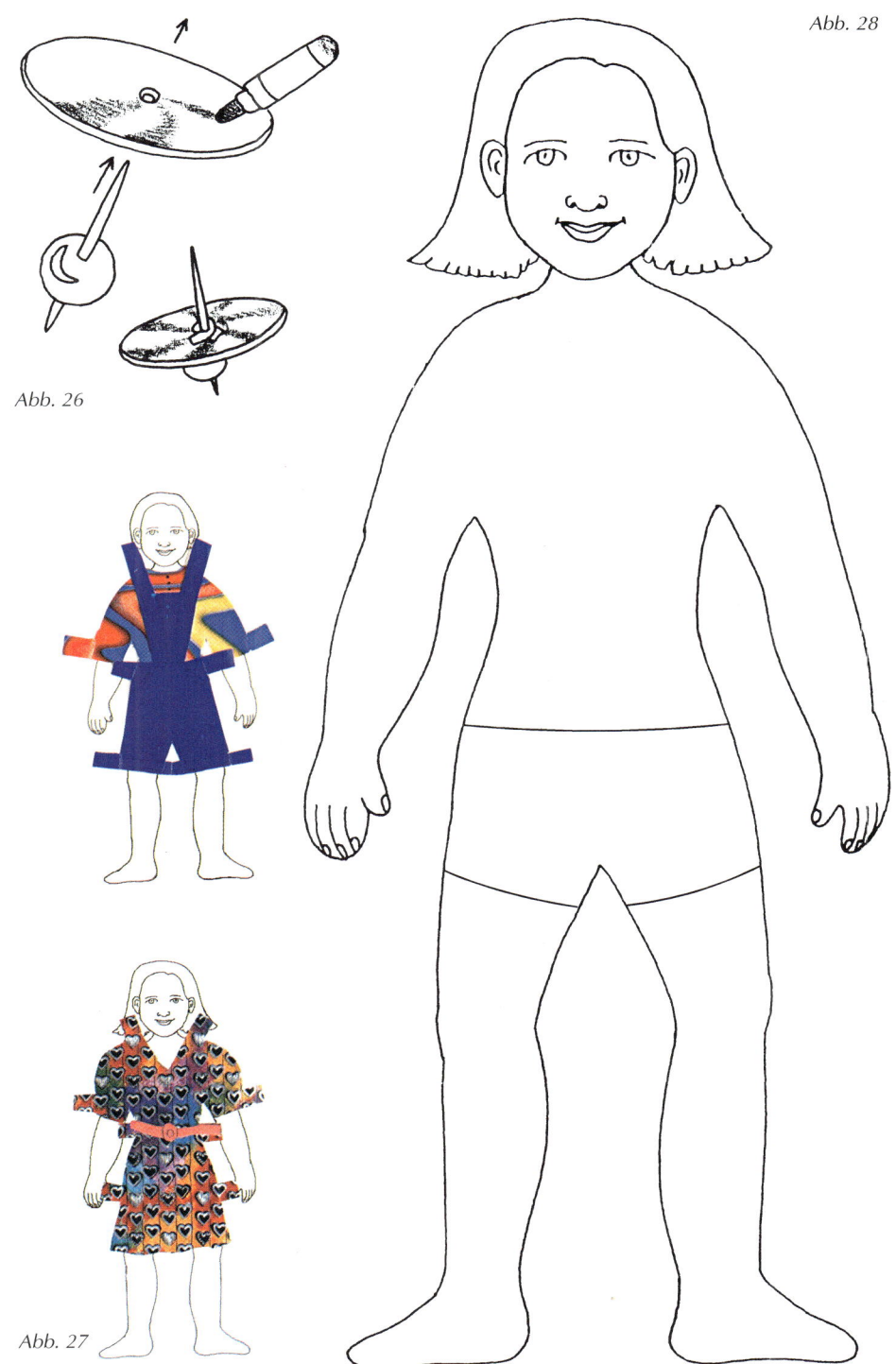

Abb. 28

Abb. 26

Abb. 27

65

Abb. 29

Kartoffeldruck
🐢 🌸 ❇ ⌂ 🐎 ✂

▸ *Kartoffeln, Kartoffelmesser, Papier oder Stoff, Wasserfarben, Pinsel oder Farbwalze, Glasplatte, Zeitungen*

• Halbieren Sie die Kartoffeln und schneiden Sie mit dem Messer einfache Formen aus der Oberfläche. Rund um die gewünschte Form sollte ca. 1 cm von der Kartoffel weggeschnitten werden. Dabei können die Kinder wählen, ob sie um die Form herum alles wegschneiden oder ob sie einen Rand stehen lassen, so dass ein Rand entsteht (siehe Abb. 29). Kleineren Kindern muss man beim Ausschneiden helfen oder man lässt sie Ausstechförmchen in die Kartoffel drücken und dann den Rand rundherum abschneiden, das ist einfacher.
• Auf einer Glas- oder Plastikplatte wird etwas Farbe gleichmäßig verteilt. Die Kinder drücken den Stempel erst in die Farbe und dann auf ein Blatt Papier oder Stoff. Sie können mehrere Formen über- oder nebeneinander drucken und aus einzelnen Elementen, Bilder zusammenstellen, wie z.B. eine Blume, und natürlich verschiedene Farben wählen.
• Sie können die Kinder auch gemeinsam ein Bild stempeln lassen. Jedes Kind

übernimmt dann ein einzelnes Motiv, das sich gut mit denen der anderen kombinieren lässt, z.B. ein Haus, einen Baum, einen Menschen, einen Hund usw.

Masken basteln
🌸 ✂ ❇ ⌂ 🐎 ✂

▸ *festes Papier, Buntstifte, Wachskreiden oder Wasserfarben, dünnes Gummiband*

Die Kinder können entweder Masken für das ganze Gesicht oder Teilmasken basteln (siehe Abb. 30). Am besten bereiten Sie ein paar Beispiele vor, die die Kinder nachbasteln können. Oder Sie zeichnen eine Maske vor, kopieren sie mehrmals und die Kinder malen sie nur an. Zuerst wird die Maske ausgeschnitten, dann werden Löcher für Nase, Mund und

Augen hineingeschnitten. Die Stellen, wo das Gummiband durchgezogen wird, sollte man noch etwas verstärken.

Girlanden schneiden
🐢 🌸 ❇ ⌂ 🐎 ✂

▸ *farbiges Papier, Klebstoff, Scheren*

Die genauen Anleitungen für verschiedene Girlanden finden Sie in Kapitel 7 (Seite 29f.). Vor allem bei den Fächergirlanden gibt es viele Variationsmöglichkeiten. Außer Puppen können Sie noch viele andere Formen ausschneiden, z.B. Tiere. Sorgen Sie dafür, dass Sie genügend Vorlagen bzw. Schablonen vorbereitet haben.

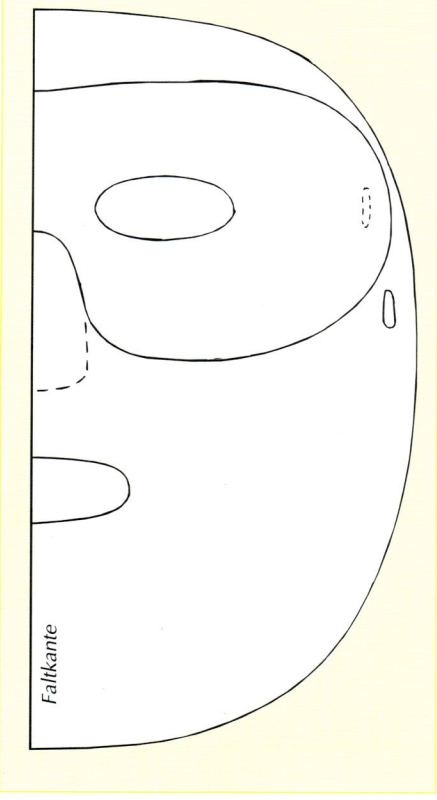

Faltkante

Abb. 30 (50% verkleinert)

Knopfkunst
❁✂✳⬠🐑✁

▶ bunter Karton, Knöpfe, Klebstoff

Wenn Sie viele alte Knöpfe haben, können die Kinder damit Collagen auf bunter Pappe kleben, und wenn alle fertig sind, schaut man sie zusammen an und überlegt sich Titel zu den Kunstwerken.

T-Shirts bemalen
🌸❁✂✳⬠🐑✁

▶ einfache weiße T-Shirts, Textilfarbe, Sicherheitsnadeln oder Kreppband, fester Karton

Ein ausreichend großes Stück Karton wird in das T-Shirt geschoben, so dass es straff gespannt wird. Am besten steckt man es mit Sicherheitsnadeln auf der Rückseite zusammen. Dann malen die Kinder mit Textilfarbe ganz nach Belieben Motive auf die T-Shirts oder sie schneiden Stempel aus Kartoffeln zurecht (siehe Seite 66), mit denen man schöne Muster drucken kann.

Einfacher Drachen
❁✂✳⬠♀🐑✁

▶ 80 cm und 60 cm lange Leiste von 15 x 15 mm, 20 cm langes Spannhölzchen, buntes Drachen- bzw. Transparentpapier, starke, dünne Schnur, 100 m Drachenschnur, Leim

• Schneiden Sie Kerben in alle vier Enden der Leisten und binden Sie diese mit einer nassen Schnur zu einem Kreuz zusammen (wenn die Schnur trocknet, schrumpft sie ein bisschen und zieht alles fest; siehe Abb. 31).
• Nun spannen Sie eine Schnur so stramm wie möglich zwischen die vier Enden der Leisten.
• Schneiden Sie dann das Drachenpapier zurecht. Es muss rundum 5 cm größer sein als der Drachen selbst. Verstärken Sie die vier Ecken mit einem weiteren Stück Drachenpapier.
• Legen Sie das Holzkreuz auf das Drachenpapier und kleben Sie die überstehenden Ränder um die Schnur. Drehen Sie den Drachen um, stecken Sie an beiden Enden der langen Leiste eine Schnur durch das Papier und binden Sie diese in den Kerben fest. Machen Sie dasselbe an der Querleiste und verknoten Sie beide Schnüre genau über dem Punkt, an dem sich die Leisten kreuzen, zu einer Schlaufe. Der obere Teil des

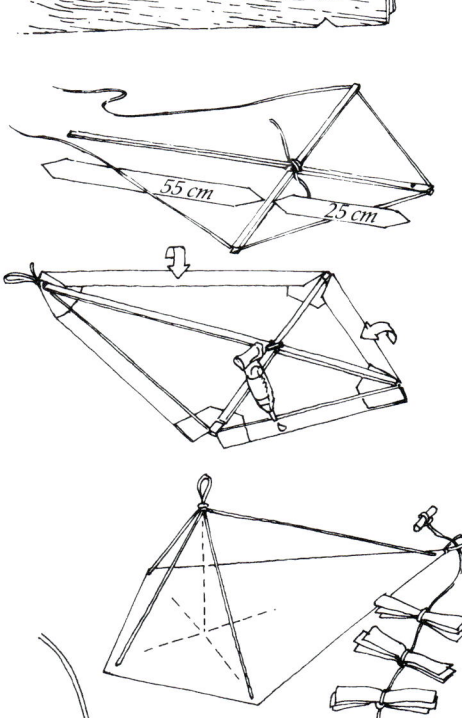

Abb. 31

Drachens liegt damit etwas höher in der Luft als der untere.
• Auf der Rückseite wird jetzt die Querleiste mit einem Stück Schnur und mit Spannhölzchen so gespannt, dass sie sich biegt. Dadurch liegt der Drachen stabil in der Luft.
• Der Schwanz muss viermal so lang wie der Drachen sein. Knoten Sie alle 20 cm eine Schleife fest (siehe Abb. 31) und binden Sie eine dicke Quaste ans Ende.
• Sowohl die Drachenschnur als auch den Schwanz können Sie abnehmen, damit sie sich nicht verknoten. Sie können sie immer kurz vor dem Steigenlassen mit einem Querhölzchen in einer Schlaufe befestigen.
• Vor dem Steigenlassen wird erneut das Querholz des Drachens gespannt, damit er eine stabile Lage bekommt.

Aktive Spiele für drinnen

Erbsenspiel

⬡ ♟ 3⁺ ⌂ ✂

▶ *Tassen, Erbsen oder Linsen, Strohhalme*

Jedes Kind hat zwei Tassen vor sich: eine Tasse mit 20 Erbsen und eine leere. Auf ein Zeichen des Spielleiters saugen sie die Erbsen mit dem Strohhalm an und befördern sie so in die andere Tasse. Wer ist zuerst fertig?

Autorennen

♟ ✳ ⌂ ♟♟

▶ *dünne Schnur oder feste Wollfäden, kleine Spielautos*

An jedem Auto wird ein Stück Schnur befestigt. Je nach Alter der Kinder kann die Schnur zwischen fünf und sieben Meter lang sein. Wer hat durch Aufrollen der Schnur das Auto als Erster bis zu sich herangeholt?
Für die Kleineren können Sie ein Stück Karton an die Schnur binden, um das die Kinder die Schnur herumwickeln können.

Siebenschläfer

♟ ❀ 5⁺ ⌂

▶ *große Matte oder Luftmatratze*

Die Kinder bilden einen Kreis von ca. fünf Metern Durchmesser, in dessen Mitte der Siebenschläfer liegt und schläft. Sie sollen versuchen, ihm seine Matte zu stehlen. Sobald ein Kind in den Kreis kommt, wird der Siebenschläfer wach und darf es abschlagen. Aber während er auf der einen Seite gerade ein Kind fängt, kann auf der anderen Seite jemand an seiner Matte ziehen!

Im dunklen Wald

♟ ❀ 7⁺ ⌂ ✂

Für dieses Spiel braucht man einen großen Raum, in dem möglichst wenig herumstehen sollte.
Ein Kind stellt sich in eine Ecke des Zimmers, das Gesicht der gegenüberliegenden Ecke zugewandt. Es achtet darauf, wo die anderen Kinder stehen, die sich im Raum verteilt haben. Dann bekommt das Kind die Augen verbunden und soll in die gegenüberliegende Ecke laufen. Aber im Wald ist es dunkel und da stehen Bäume ... Wer auf seinem Weg die wenigsten »Bäume« berührt, hat gewonnen.

Gib mir Kleider

♟ ❀ 8⁺ ⌂ ♟♟

Es werden zwei Gruppen gebildet. Der Spielleiter sucht ein Kind aus jeder Gruppe aus und gibt dann das Startzeichen. Beide Mannschaften versuchen nun, diesem Kind so viele Kleider von sich anzuziehen wie nur möglich. Taschentücher und Schals gelten auch. Welches Kind hat nach zwei Minuten die meisten Kleider an?

Hände auf den Tisch!
♟ ✿ 6⁺ ⌂ ⚭ ↱

▸ *Münzen*

Die Kinder wählen zwei Teams. Diese setzen sich an einem Tisch gegenüber. Nun bekommt jedes Team eine Münze und gibt sie unter dem Tisch weiter. Sobald der Spielleiter »Hände auf den Tisch!« sagt, muss jeder die Fäuste auf den Tisch legen. In einer davon ist die Münze, und wenn ein Team rät, in welcher Hand sich die Münze der anderen Mannschaft befindet, bekommt es einen Punkt. Machen Sie vorher aus, wie viele Runden Sie spielen. Das Team mit den meisten Punkten hat gewonnen.

Ans Ufer, in den Graben
♟ ✿ 5⁺ ⌂ ♀

▸ *eine alte Bank*

Mit diesem Spiel können Sie die Kinder zwischendurch ein bisschen in Bewegung bringen. Die Kinder stehen nebeneinander in einer Reihe – das ist der Graben. Direkt vor ihnen befindet sich die Bank, das ist das Ufer. Nun sagt der Spielleiter abwechselnd »Ans Ufer!« und »In den Graben!« und die Kinder müssen dann schnell auf die Bank oder wieder in die Reihe springen. Je schneller der Spielleiter spricht, umso leichter geraten die Kinder durcheinander. Wer etwas falsch macht, scheidet aus. Wer keine alte Bank hat, kann einfach etwas anderes zum Ufer erklären.

Die Reise nach Jerusalem
♟ ✿ 5⁺ ⌂ ♪

▸ *Stühle*

Es wird ein Stuhl weniger aufgestellt als Mitspieler da sind. Man kann sie im Kreis aufstellen oder in zwei Reihen Rü-cken an Rücken. Die Kinder laufen zur Musik um die Stühle herum. Sobald die Musik aufhört, versucht jeder, sich auf einen Stuhl zu setzen. Das Kind, das übrig bleibt, scheidet aus. Dann wird ein Stuhl weggenommen und die Musik setzt von neuem ein, und wer ganz am Schluss noch übrig ist, hat gewonnen.

Variation 1:
Man kann auch ohne Stühle spielen. Wenn die Musik verstummt, müssen sich die Kinder auf den Boden setzen. Wer als Letzter sitzt, scheidet aus.

Variation 2:
Kleben Sie Zeitungspapier mit Kreppband auf dem Boden fest. Wenn die Musik aussetzt, muss jedes Kind auf einem Stück Zeitung stehen ... aber es gibt natürlich immer eines zu wenig!

Den Schatz erobern
♟ ✿ 3⁺ ⌂ ↱

▸ *ein Schatz, z.B. ein kleines Geschenk oder etwas Süßes, Schaschlikspieße, Würfel*

Um den Schatz herum wird ein Turm aus Schaschlikspießen gebaut. Die Kinder würfeln. Wer eine Sechs wirft, beginnt. Die Kinder nehmen so viele Stäbchen von dem Turm weg, wie sie Augen gewürfelt haben. Wenn der Turm abgebaut ist, zählen die Kinder ihre Stäbchen, und wer die meisten hat, bekommt den Schatz. Man kann dieses Spiel einige Male wiederholen. Bekommt ein Kind zum zweiten Mal den Schatz, kann es aussuchen, an wen es ihn abgeben will.

Wer keinen Ballon hat
♟ ✿ 5⁺ ⌂ ♪

▸ *Luftballons*

Dieses Spiel ist eine Variante der »Reise nach Jerusalem«. Es gibt einen Ballon weniger als Spieler. Solange die Musik ertönt, werden die Luftballons herumgeworfen, und sobald die Musik aussetzt, muss jedes Kind versuchen, einen Ballon zu erhaschen. Derjenige, der keinen erwischt hat, geht zur Seite und nimmt einen Ballon mit. Das Spiel geht so lange weiter, bis nur noch ein Kind übrig ist.

Luftballon blasen
🎲 5⁺ 🏠 ♀ ○

▶ *ein Luftballon*

Dieses Spiel braucht Platz und kann auch draußen gespielt werden, wenn es windstill ist. Die Kinder stehen im Kreis und fassen sich an den Händen. Wenn mehr als acht Kinder mitspielen, halten sie abwechselnd hinter und vor ihrem Nebenmann die Hand des übernächsten Kindes; dann ist der Kreis dichter. Der Spielleiter steht außerhalb und wirft den Ballon in den Kreis. Die Kinder dürfen sich nicht loslassen und müssen versuchen, den Ballon durch Blasen in der Luft zu halten.

Wer hat die längste Schnur?
🎲 4⁺ 🏠

▶ *Schnur oder Wolle*

Man schneidet viele unterschiedlich lange Stücke Wolle oder Schnur zurecht und versteckt sie überall im Zimmer. Die Kinder suchen sie nun und knoten sie zusammen. Wer hat am Schluss die längste Schnur?

Über den Strich treten
🎲 ✂ 2₌ 🏠 ♀

▶ *Klebeband oder Kreide*

Man zeichnet bzw. klebt mit Kreide oder Klebeband eine Linie auf den Boden. Zwei Kinder stellen sich Rücken an Rücken so hin, dass die Linie zwischen ihnen verläuft. Auf ein Zeichen des Spielleiters geben sie sich zwischen den Beinen hindurch die Hände und ziehen sie so lange zu sich herüber, bis einer über den Strich tritt. Man kann immer wieder die Sieger gegeneinander spielen lassen, bis man einen Sieger hat.

Pass auf deine Zehen auf!
🎲 ✂ 8⁺ 🏠 ○

Die Kinder stehen im Kreis und geben sich die Hände. Alle sind barfuß. Ein Kind befindet sich im Kreis (bei einer großen Gruppe zwei) und versucht nun, den anderen Kindern auf die Zehen zu treten. Diese aber dürfen springen, sich hin und her bewegen – nur müssen sie sich dabei immer festhalten! Der, dem auf die Zehen getreten wurde, geht in den Kreis.

Blindekuhspiele

Piek den Esel
🎲 4⁺ 🏠 ✎

▶ *eine große Zeichnung von einem Esel, am besten auf Karton, ein loser Eselschwanz aus festem Karton mit einer Reißzwecke daran*

Die Zeichnung wird an der Wand aufgehängt. Die Kinder bekommen ungefähr vier Meter von dem Esel entfernt die Augen verbunden. Nun gibt man ihnen den Schwanz in die Hand und sie sollen ihn an die richtige Stelle stecken. Da landet er auch schon mal vorne auf der Nase!

Geräusche nachmachen
⚇ ⚘ 4⁺ ⌂ ♀ ✏

Eines der Kinder hat verbundene Augen und muss die Ohren spitzen. Die anderen erzeugen jetzt der Reihe nach Geräusche. Sie scharren oder stampfen z.B. mit den Füßen, schnipsen oder klopfen usw. Das Kind versucht nun, die Geräusche in der richtigen Reihenfolge nachzumachen. Das Kind, welches die meisten Geräusche nacheinander nachmachen konnte, ist Sieger.

Wie viele Socken?
⚇ ⚘ 6⁺ ⌂ ✏

▸ dicke Handschuhe und alte Socken, zwei Tücher

Zwei Kinder ziehen dicke Handschuhe an und bekommen die Augen verbunden. Man legt einen Haufen Socken zwischen die beiden. Innerhalb von zwei bis drei Minuten müssen sie so viele Socken wie möglich anziehen. Wer die meisten Socken anhat, ist Sieger. Danach kommt das nächste Paar an die Reihe.

Jakob und Jakobinchen
⚇ ⚘ 6⁺ ⌂ ♀ ✏

▸ zwei Tücher

Man braucht einen großen Raum für dieses Spiel. Wenn man es draußen spielt, sollte man mit einem Seil ein Spielfeld abgrenzen. Sind genügend Kinder da, können sie einen Kreis bilden, in dem dann gespielt wird. Zwei Kindern werden die Augen verbunden. Beide werden um die eigene Achse gedreht und dann ruft das eine: »Jakob, wo bist du?« Das andere antwortet: »Hier!«, und nun muss das erste Kind Jakob fangen. Es ruft immer wieder, um zu wissen, wo er ist.

Topfschlagen
⚇ ⚘ ✳ ⌂ ♀ ✏

▸ Süßigkeiten, eine leere Büchse oder ein Topf, Stock oder Löffel

Wenn man eine Büchse verwendet, muss man vorher die scharfen Kanten abschleifen.
Man stellt die Büchse irgendwo ab und versteckt ein paar Süßigkeiten darunter. Einem der Kinder werden die Augen verbunden und es bekommt den Stock in die Hand. Es wird ein paarmal um die eigene Achse gedreht und muss versuchen, die Büchse zu finden und mit dem Stock daraufzuschlagen. Man macht vorher aus, wie lange die Kinder suchen dürfen. Wer die Büchse findet, darf die Süßigkeiten behalten.

Blinde Kuh
⚇ ⚘ 5⁺ ⌂ ✏

Ein Kind hat die Augen verbunden. Die anderen laufen durchs Zimmer. Das Kind ruft: »Buh, ich bin die blinde Kuh!« und versucht, die anderen zu fangen. Wer gefangen wird, scheidet aus.

Blinder Mann
⚇ ⚘ 5⁺ ⌂ ♀ ✏

Einem der Kinder werden die Augen verbunden und es muss die anderen Kinder fangen. Ist ihm dies gelungen, muss es durch Tasten herausfinden, wen es gefangen hat. Rät es richtig, ist der Gefangene der neue »blinde Mann«. Sorgen Sie dafür, dass nichts im Weg steht, worüber der blinde Mann fallen kann. Wenn Sie draußen spielen, können Sie z.B. mit einem Seil ein Terrain abstecken, das die Kinder nicht verlassen dürfen.

Das Glöckchen läutet
🐞 🐌 5⁺ ⌂ 🖊

▶ *ein Glöckchen, Tücher*

Bis auf eines bekommen alle Kinder die Augen verbunden und laufen durch das Zimmer. Das übrig gebliebene Kind erhält ein Glöckchen und läutet damit. Die anderen versuchen, es zu fangen. Es darf überall hinlaufen. Wer es fängt, darf als Nächster das Glöckchen läuten. Sind die Kinder sehr unruhig, kann man für dieses Spiel ein ganz leises Glöckchen nehmen, dann müssen sie sehr leise sein.

Rattenfänger
🐞 🐌 5⁺ ⌂ ○ 🖊

▶ *Papier- oder Plastikbecher, Erbsen oder Kieselsteinchen*

Schütten Sie die Erbsen in den Pappbecher und kleben Sie ihn zu.
Die Spieler stehen in einem großen Kreis um ein Kind mit verbundenen Augen herum. Sie werfen sich den rasselnden Becher gegenseitig zu. Wer ihn fängt, muss auf fünf zählen, bevor er ihn weiterwirft. In der Zwischenzeit versucht das Kind in der Mitte zu erraten, wer die »Ratte« in der Hand hält. Rät es richtig, tauschen die beiden die Rollen.

Geräusche raten
🐞 🐌 ✳ ⌂ 🖊

Alle bekommen die Augen verbunden und der Spielleiter macht einige Geräusche. Dann nehmen die Kinder die Tücher ab und schreiben auf, was sie gehört haben. Beispiele: ein Fenster öffnen, an der Türklinke rütteln, eine Tasse auf die Untertasse stellen, ein Bonbon auspacken, etwas einschenken ...

Wer hat dich berührt?
🐞 🐌 7⁺ ⌂ ○ 🖊

Ein Kind steht mit verbundenen Augen in der Mitte des Kreises. Einer der Mitspieler schleicht sich an, berührt es leicht und geht schnell auf seinen Platz zurück. Nun wird das Tuch abgenommen und das Kind muss raten, wer es war. Ob derjenige sich wohl durch Lachen verrät?

Hänschen piep einmal
🐞 🐌 8⁺ ⌂ ○ 🖊

Ein Spieler steht mit verbundenen Augen in der Mitte des Kreises. Die anderen Kinder sitzen um ihn herum. Er wird gedreht und sagt zu dem Kind, vor dem er stehen bleibt: »Hänschen, piep einmal.« Dieses Kind versucht nun, ein Geräusch zu machen, durch das es nicht erkannt wird. Das Kind mit den verbundenen Augen soll seinen Namen erraten. Hat es dreimal falsch geraten, wird es nochmals gedreht und das Spiel beginnt von vorn. Hat es den Namen erraten, so tauschen die beiden die Rollen.

Blindenschrift
🐌 ✂ 4⁺ ⌂ 🖊

▶ *Papier und Bleistift*

Einer ist der blinde Mann. Ihm werden die Augen verbunden und er bekommt Papier und Bleistift in die Hand. Nun schreibt ein anderer ein Wort, indem er die Hand des blinden Mannes führt. Dieser weiß nicht, welches Wort es ist, er soll es aus den Bewegungen erraten. Das ist nicht einfach und man sollte aufpassen, dass die Kinder, denen es schwerfällt, sich nicht endlos damit abmühen müssen.

Die Wahl des blinden Mannes

⊕ ✂ 8⁺ ⌂ ○ ✎

▶ *Kleidungsstücke zum Verkleiden, Würfel*

Die Kinder sitzen im Kreis und würfeln. Eines sitzt mit verbundenen Augen in der Mitte bei einem Haufen Kleider und wählt ein Stück davon aus. Sobald das erste Kind eine Sechs gewürfelt hat, muss es schnell das Kleidungsstück nehmen, das der blinde Mann ausgesucht hat, und es anziehen. Würfelt ein anderer eine Sechs, bevor es angezogen ist, muss es das Kleidungsstück weitergeben. Andernfalls wählt der blinde Mann ein neues für den nächsten Spieler aus, der eine Sechs würfelt. Am Schluss kann man miteinander entscheiden, wer am lustigsten aussieht.

Bello, du hast deinen Schlüssel verloren

⊕ ✂ 4⁺ ⌂ ✎

▶ *ein Stuhl, ein Schlüsselbund*

Der »Hund Bello« sitzt mit verbundenen Augen in der Mitte des Kreises auf einem Stuhl, unter dem ein Schlüsselbund liegt. Die anderen Kinder sitzen auf dem Boden. Eines der Kinder spielt nun den Dieb und versucht, ihm den Schlüssel wegzunehmen. Wenn Bello etwas hört, knurrt oder bellt er. Dann muss der Dieb zurück auf seinen Platz und der Nächste versucht es. Gelingt der Diebstahl, so wird der Dieb zum »Hund«.

Der König hat Kopfweh

⊕ ✂ 5⁺ ⌂ ✎

▶ *Stühle*

Drei Stühle stehen nebeneinander. Einem Kind werden die Augen verbunden und es setzt sich auf den mittleren Stuhl. Nun versucht ein Kind nach dem anderen, sich neben den »König« zu setzen. Sobald dieser etwas hört, sagt er: »Oh, mein Kopf!« und das Kind muss wieder weggehen, wenn es nicht schon richtig sitzt. Wer schafft's?

Pass auf die Flöte auf!

⊕ ✂ 8⁺ ⌂ ♀ ○ ✎ ⊘

▶ *Flöte oder Trillerpfeife und Ball*

Die Kinder stehen im Kreis und geben einen Ball weiter. In der Mitte steht ein Kind mit verbundenen Augen und einer Flöte oder Trillerpfeife. Der Spieler, der den Ball in der Hand hat, wenn die Flöte ertönt, scheidet aus. Es kommt also darauf an, ihn so kurz wie möglich zu behalten. Wer übrig bleibt, geht als Nächster in die Mitte.

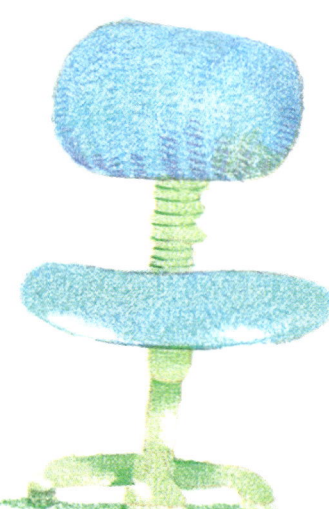

Geschicklichkeitsspiele

Äpfel schnappen
🐝 🌸 ✳ ⬆ ♀

▶ *Schüssel mit Wasser, ein Apfel für jedes Kind, Handtücher*

Man lässt einige Äpfel in der mit Wasser gefüllten Schüssel treiben und die Kinder versuchen der Reihe nach, die Hände auf dem Rücken haltend, die Äpfel mit dem Mund zu schnappen. Die Kleineren brauchen wahrscheinlich etwas Hilfe dabei.

Büchsenwerfen
🐝 🌸 ✂ ✳ ⬆ ♀

▶ *15 leere Büchsen, 3 kleine Bälle*

Man stellt auf Schulterhöhe der Kinder ein Brett auf und baut darauf eine Pyramide aus den Büchsen; in der untersten Reihe stehen fünf Büchsen, dann vier, dann drei etc. Aus vier bis fünf Metern Entfernung werfen die Kinder mit den Bällen nach den Büchsen. Nach jedem Wurf werden die umgefallenen Büchsen gezählt, mit je einem Punkt belohnt und dann wieder aufgestellt. Wer die meisten Punkte hat, ist der Meisterschütze.

Ringwerfen
🐝 🌸 ✂ 6⁺ ⬆ ♀

▶ *Stöcke oder Milchflaschen, 5 große Ringe (Durchmesser ca. 20 cm)*

Die Ringe kann man eventuell aus festem Karton selbst herstellen.
Stecken Sie eine ungerade Anzahl von Stöcken in einer Reihe in die Erde und ziehen Sie in einem Abstand von zwei Metern zum vordersten Stock eine Linie. Von dort aus werfen die Spieler einer nach dem anderen die Ringe über die Stöcke. Ein Ring über dem vordersten Stock gibt einen Punkt, einer über dem nächsten zwei usw.

Variation:
Dieses Spiel kann mit Milchflaschen auch drinnen gespielt werden. Stellen Sie die Flaschen auf Papier und schreiben Sie die Punktezahl, die man bei der jeweiligen Flasche erreichen kann, darauf.

Wer bleibt im Kreis?
🌸 ✂ 4₌ ♀ 👫

▶ *Kreide*

Zwei Kinder sitzen mit dem Rücken aneinander gelehnt auf dem Boden. Ziehen Sie einen Kreis um die beiden. Auf ein Zeichen des Spielleiters müssen sie versuchen, sich gegenseitig aus dem Kreis zu stoßen. Sie müssen aber sitzen bleiben.

Pass auf!
� ✕ 5⁺ ⛫ ◯

▶ *Plastikscheibe oder -teller*

Die Kinder sitzen im Kreis und eines dreht in der Mitte die Plastikscheibe wie einen Kreisel auf der Kante. Sobald sie sich dreht, ruft es den Namen eines Mitspielers und dieser muss die Scheibe schnell packen, bevor sie umfällt, und dann von neuem drehen usw. Wer die Scheibe umfallen lässt, scheidet aus.

Wer kriegt sein Buch?
♦ ✕ 6 oder 9 ⛫

▶ *ein langes Seil (ca. 3 m lang), drei Bücher*

Die Enden des Seils werden zusammengeknotet und drei Kinder halten es so, dass sie ein Dreieck bilden. Sie setzen sich auf den Boden. Nun legt man ca. einen Meter hinter jedes der Kinder ein Buch und sie müssen versuchen, dieses zu ergattern, aber wenn der eine es gerade versucht, ziehen die anderen in die andere Richtung. Wer zuerst sein Buch erwischt, hat gewonnen. Eventuell kann man die Gewinner der Gruppen noch mal gegeneinander spielen lassen, bis nur noch einer übrig bleibt.

Fangen und andere Spiele für draußen

Anna Maria Kuckuck
♣ ♦ 6⁺ ♀

Etwa zehn bis fünfzehn Meter von einer Mauer oder einem Baum entfernt wird eine Linie gezogen. Der Abstand ist vom Alter der Kinder abhängig. Ein Kind steht mit dem Gesicht zur Mauer direkt vor derselben, die anderen Kinder stehen hinter der Linie. Das Kind an der Mauer ruft: »Anna Maria Kuckuck!« und dreht sich dann sofort um. Die Kinder dürfen loslaufen, sobald der Ruf ertönt. Denjenigen, den das Kind noch in Bewegung sieht, darf es wieder hinter die Linie zurückschicken. Wer zuerst die Mauer berührt, hat gewonnen.

Bäumchen wechsel dich
♣ ♦ 5⁺ ♀

Dieses Spiel kann man am besten im Wald spielen, es geht aber auch auf einem Platz mit vielen Bäumen. Bis auf eines stehen alle Kinder bei einem Baum. Nun versuchen sie, den Baum zu wechseln, aber während sie unterwegs sind, versucht das übrig gebliebene Kind, an einen freien Baum zu gelangen. Dann muss sich das Kind, das jetzt keinen Baum mehr hat, ein neues »Zuhause« suchen.

Schwarzer Mann
♣ ♦ 5⁺ ♀

Es werden zwei Linien in einem Abstand von zehn Metern gezogen. Ein Kind ist der schwarze Mann und steht dazwischen, die anderen Spieler versuchen, von der einen Linie hinter die andere zu kommen, ohne dass der schwarze Mann sie fängt. Spieler, die abgeschlagen wurden, helfen dem schwarzen Mann.

Der Kaufmann und die Diebe
♟ ♘ 5⁺ ♀ ♟♟

▸ *Dinge, die als »Waren« dienen können*

Der Kaufmann sitzt in einem Kreis von ca. zwei Metern Durchmesser, hat seine Waren um sich herum ausgebreitet (Kleider, einen Kamm, ein Tablett usw.) und muss aufpassen, dass sie nicht gestohlen werden. Die Diebe schleichen um den Kreis herum und versuchen, die Aufmerksamkeit des Kaufmannes auf sich zu lenken, damit ihre Kumpane seine Waren stehlen können. Er darf die Diebe abschlagen, dann scheiden sie aus. Wenn alle Waren gestohlen sind, hat der Kaufmann verloren.

Dreiländerspiel
♟ ♘ 9⁺ ♀ ♟♟

▸ *Bänder in drei verschiedenen Farben*

Man steckt ein Spielfeld von ca. 15 x 15 Metern ab (je nach Anzahl der Spieler kann es auch größer sein). Die Spieler werden in drei Gruppen aufgeteilt, die jeweils einem Land angehören. Jedes Land hat ein Haus am Feldrand. Die Spieler der einzelnen Länder sind durch Bänder in verschiedenen Farben gekennzeichnet, z.B. Rot, Blau und Gelb. Rot muss Blau, Blau muss Gelb und Gelb muss Rot abschlagen. Hat einer einen Feind abgeschlagen, bringt er ihn erst in sein Haus, bevor er sich wieder auf die Jagd begibt. Wenn er gerade jemanden wegbringt, darf er selbst nicht abgeschlagen werden. Das Land, das als Erstes alle seine Feinde gefangen hat, hat gewonnen.

Schiffer, darf ich überfahren?
♟ ♘ 10⁺ ♀ ♪

Schif-fer, darf ich ü-ber-fah-ren, ja o-der nein?
Muss ich dann 'nen Ta-ler zah-len, ja o-der nein?

Man steckt ein Spielfeld durch zwei parallele Linien ab. Der Schiffer steht mitten darin, die Kinder an einer Seite und singen das oben stehende Lied. Der Schiffer antwortet: »Ja!« und die Kinder fragen: »Wie?« Nun macht der Schiffer ihnen vor, wie sie sich fortbewegen sollen: hüpfend, kriechend, hinkend, springend usw. Auch der Schiffer muss sich auf diese Art und Weise fortbewegen, und während die Kinder das Spielfeld überqueren, versucht er von ihnen möglichst viele abzuschlagen. Wenn eine große Gruppe abgeschlagen ist, wird ein anderes Kind Schiffer.

Fangen
♟ ♘ 5⁺ ♀

Ein Kind ist der Fänger und versucht, die anderen abzuschlagen. Gelingt es ihm, so ist der Gefangene dran. Oft ist es gut, vorher das Spielfeld einzugrenzen.

Variation 1: Schattenfangen
Bei diesem Spiel wird nicht das Kind abgeschlagen, sondern der Fänger stellt sich auf dessen Schatten und ruft: »... (Name des Kindes) ist dran!«

Variation 2: Fangen mit Kreuzen
Wenn ein Kind die Bahn des Fängers kreuzt, der gerade ein anderes Kind verfolgt, so muss der Fänger von dem ersten ablassen und das Kind, das ihm über den Weg gelaufen ist, verfolgen.

Variation 3: Fangen mit Inseln
Wenn das Gelände groß genug ist, kann man (vor allem, wenn man mit Kleineren spielt), ein paar Inseln auf den Boden malen, wo die Kinder im »Aus« sind. Dort dürfen sie nicht gefangen werden.

Variation 4: Fangen mit Wunden
Die Kinder halten die Stelle fest, an der sie abgeschlagen wurden, und müssen so versuchen, einen anderen zu fangen.

Variation 5: Fangen mit Befreier
Es gibt einen Fänger und einen Befreier. Jedes Kind, das gefangen wird, bleibt wie versteinert stehen. Der Befreier kann sie wieder zum Leben erwecken, indem er sie abschlägt. Man sollte vorher ein Terrain abstecken.

Variation 6: Fangen mit Ball
Diese Spielversion kann mit allen oben genannten Variationen kombiniert werden: Anstatt die Kinder abzuschlagen, versucht der Fänger, sie mit dem Ball zu treffen. Man muss vorher ein Spielfeld abgrenzen, damit die Kinder nicht zu weit weglaufen.

Variation 7: Labyrinth
Hierfür muss man viel vorbereiten: Man malt ein Straßennetz (Labyrinth) auf den Boden mit Kreuzungen, Seitenstraßen u.Ä. Die Kinder dürfen beim Spiel nicht

von den Straßen abkommen und sich nicht gegenseitig überholen. Der Fänger muss die anderen abschlagen. Diese versuchen, über die Seitenstraßen zu entkommen. Auch der Fänger darf nur die Wege benutzen. Wer abgeschlagen wurde, scheidet aus.

Variation 8: Füße hoch!
Bei dieser Version darf man nicht abgeschlagen werden, solange man mit keinem Fuß den Boden berührt.

Kopf und Schwanz

8^{+}

Für dieses Spiel braucht man sehr viel Platz, am besten einen Sportplatz oder Schulhof. Die Kinder halten sich an den Händen und bilden so eine Schlange. Nun soll der Kopf den Schwanz fangen, d.h. das vorderste Kind versucht, die Schlange so zu führen, dass es das letzte Kind zu fassen bekommt. Die Kinder dürfen sich dabei nicht loslassen. Wenn der Kopf den Schwanz gefangen hat, gehen die Kinder, die Kopf und Schwanz gebildet haben, in die Mitte der Schlange und das Spiel beginnt von neuem.

Fischernetz

8^{+}

Man steckt ein Spielfeld ab. Drei der Kinder halten sich an den Händen. Sie sind das Fischernetz und fangen jetzt die Fische, ohne sich dabei loszulassen. Wer ins Fischernetz gerät, gehört ab sofort zum Netz, d.h. er wird in den Kreis aufgenommen. Das Spiel geht so lange weiter, bis alle Fische gefangen sind.

Tauziehen

6^{+}

▸ *ein dickes Seil, Kreide*

Zeichnen Sie eine Linie auf den Boden. Links und rechts von dieser Linie stellt sich jeweils eine der beiden Mannschaften auf. Jede Mannschaft nimmt ein Ende des Seils und zieht so lange daran, bis sie die gegnerische Mannschaft auf die eigene Seite gezogen hat.

Über die Grenze ziehen

8^{+}

▸ *Kreide*

Man zeichnet eine Linie auf den Boden und stellt zwei Mannschaften auf beiden Seiten dieser Linie so auf, dass sich immer zwei Gegner gegenüberstehen. Auf ein Zeichen versucht jeder, seinen Gegenspieler über die Linie zu ziehen. Wer auf die gegnerische Seite gezogen wurde, scheidet aus. Die Mannschaft mit den meisten ausgeschiedenen Spielern hat verloren.

Äpfel und Birnen

9-

▸ *eventuell Kreide*

Die Kinder werden in zwei Mannschaften aufgeteilt. Spielt man drinnen, so stehen die Gruppen an den gegenüberliegenden Wänden des Raumes; spielt man draußen, zieht man zwei Linien, die ca. sechs bis zehn Meter voneinander entfernt sind, und beide Mannschaften stellen sich hinter diesen Linien auf. Jedem Kind wird der Name einer Obstsorte zugewiesen, und zwar so, dass jede Sorte in beiden Teams einmal vertreten ist. Ein Kind spielt den Käufer und steht in der Mitte. Sobald er eine Obstsorte ruft, müssen die beiden entsprechenden Spieler den Platz wechseln. Der Käufer versucht, sie dabei zu fangen. Wenn es ihm gelingt, tauscht er die Rolle mit dem abgeschlagenen Kind. Dieses spielt nun den Obstkäufer.

Ballspiele

Jäger und Hasen
⚇ ♘ 5⁺ ♀ ⚏ ◍

Es gibt zwei Gruppen: die Hasen und die Jäger. Nun malt man, abhängig von ihrer Anzahl, einen Kreis von fünf bis acht Metern Durchmesser auf. Das ist das Hasennest. Die Jäger dürfen nicht in das Nest hinein, aber sie

Kreisball
⚇ ♘ 6⁺ ♀ ○ ◍

In einem Kreis wird der Ball von einem Kind zum anderen geworfen. Wer ihn nicht fängt, scheidet aus. Die Kinder versuchen, die anderen zu täuschen, indem sie so tun, als ob sie den Ball z.B. in die Richtung von Jan werfen und ihn dann in letzter Sekunde Anna zuwerfen.

Eins, zwei, drei, wer hat den Ball?
⚇ ♘ 4⁺ ♀ ◍ ♪

Die Kinder stellen sich in einer Reihe auf. Eines von ihnen steht einige Schritte weiter vorn und kehrt den anderen den Rücken zu. Es wirft den Ball über den Kopf nach hinten. Das Kind, das ihn fängt, versteckt ihn hinter seinem Rücken. Auch die anderen Kinder halten die Hände auf dem Rücken, damit es so aussieht, als würden sie alle einen Ball festhalten. Dann singen die Kinder das Lied. Bei »nun such!« dreht sich das Kind, das den Ball geworfen hat, um und versucht zu erraten, wer ihn gefangen hat. Rät es richtig, darf es den Ball noch mal werfen, rät es falsch, muss es mit dem Fänger den Platz tauschen.

Variation:
Für ältere Kinder kann man das Spiel abändern: Das Kind, das den Ball nicht gefangen hat, muss z.B. in die Hocke gehen, das nächste Mal hinknien, dann sitzen usw.

Stehball
⚇ ♘ 4⁺ ♀ ◍

Die Spieler stehen alle nahe beieinander. Einer wirft den Ball in die Luft und ruft z.B.: »Steh, der Ball ist für Max!« Max versucht, den Ball zu fangen, während die anderen Kinder wegrennen. Hat er den Ball gefangen, ruft er: »Steh, der Ball ist für ...« Sobald die Kinder »Steh!« hören, müssen sie stehen bleiben. Wird der Name genannt, dürfen sie wieder weglaufen. Wird der Ball nicht gefangen, so muss das aufgerufene Kind ihn nehmen, »Steh!« rufen und dann versuchen, eines der anderen Kinder damit abzuschießen. Das Kind, das getroffen wird, ist »krank«. Ein Kind, das dreimal »krank« war, ist »tot« und muss ausscheiden.

♩ = 120

Eins, zwei, drei, wer   hat   den Ball? Nun   such den Ball, nun   such!

Rondo
⊛ ✂ 5⁺ ♀ ○ ◐

Die Kinder stehen im Kreis, ein Spieler in der Mitte. Die Kinder werfen sich den Ball zu und der Spieler in der Mitte versucht, ihn zu fangen. Gelingt es ihm, so tauscht er den Platz mit dem Kind, das geworfen hat.

Linienball
⊛ ✂ 6-12 ♀ ♦♦ ◐

Dies ist eine vereinfachte Version von Volleyball. Man bringt ein Ballnetz oder ein Seil ungefähr in Kopfhöhe der Spieler an. Die Kinder verteilen sich in den beiden Spielfeldern links und rechts davon (mindestens 4 x 4 Meter groß). Sie müssen nun versuchen, den Ball im gegnerischen Feld auf den Boden zu bekommen. Der Ball darf immer nur über das Seil geworfen werden.

Burgspiel
⊛ ✂ 6⁺ ♀ ◐

▶ *acht oder mehr Büchsen*

Zwei Kinder sind die Verteidiger, alle anderen die Angreifer. Die Verteidiger bauen einen Turm aus Büchsen. Die Angreifer stehen in einem großen Kreis um den Turm herum und versuchen, ihn mit dem Ball umzuwerfen. Die Verteidiger müssen den Ball abfangen. Wird der Turm nur teilweise umgeworfen, dürfen die Verteidiger ihn wieder aufbauen, fällt er ganz um, so darf der, der ihn umgeschossen hat, Verteidiger werden und sich einen Helfer auswählen.

Jägerball
⊛ ✂ 6⁺ ♀ ◐

In einem abgesteckten Feld läuft der Jäger und dribbelt dabei mit dem Ball. Er versucht, eines der Tiere im Spielfeld mit dem Ball abzuschießen. Gelingt ihm das, so sind sie beide Jäger und werfen sich den Ball gegenseitig zu. Sie dürfen nicht mit dem Ball in den Händen laufen.

Sitzfußball
⊛ ✂ 10⁺ ♀ ♦♦ ◐

Man braucht ein Spielfeld von ca. 10 x 14 Metern Größe und zwei Mannschaften. In der Mitte der beiden kurzen Seiten wird je ein Tor markiert. Beide Mannschaften sitzen auf dem Boden. Die Kinder dürfen sich nur sitzend fortbewegen und der Ball darf nur geworfen werden. Natürlich geht es darum, den Ball ins gegnerische Tor zu bekommen.

Völkerball
✂ 10⁺ ♀ ♦♦ ◐

Zeichnen Sie zwei Spielfelder von je 6 x 10 Metern Größe auf, die an der langen Seite aneinander grenzen. Es gibt zwei Mannschaften, die aus ihrem Feld heraus versuchen, die Spieler der Gegenmannschaft abzuschießen. Jede Mannschaft hat hinter dem gegnerischen Feld einen »Verteidiger«, der den Ball zu fangen und der eigenen Gruppe zuzuspielen versucht. Wird ein Kind irgendwo am Körper getroffen und kann den Ball nicht fangen, muss es dem Verteidiger helfen. Wenn jemand den Ball fängt, darf einer der Verteidiger ins Feld zurückkommen. Wenn alle Spieler einer Mannschaft abgeschossen sind, hat sie verloren.

Staffeln

Staffeln werden immer in Mannschaften gespielt. Meist sind es zwei, aber wenn viele Kinder mitspielen, kann man auch drei Gruppen bilden. Für manche Staffeln braucht man gleich viele Kinder in jedem Team.
Die Mannschaften wetteifern miteinander. Einer nach dem anderen müssen die Mannschaftsmitglieder einen Auftrag ausführen, und wenn ein Spieler alle seine Aufgaben gelöst hat, kommt der nächste dran. Die Mannschaft, die zuerst fertig ist, hat gewonnen.
Den Schwierigkeitsgrad und die Länge der Wege muss man mitunter an das Alter der Spieler anpassen. Viele Staffeln werden schon allein dadurch einfacher, dass man den jeweiligen Auftrag nur auf dem Hinweg ausführen lässt, nicht auch noch auf dem Rückweg.
Der Spielleiter sollte einen Helfer haben, der die zweite Mannschaft betreut.

Laufstaffeln

Büchsenlaufen

6+

▸ *leere Konservendosen, Schnur*

Zuerst feilt man die scharfen Kanten der Dosen glatt. Dann bohrt man in den Boden der Dose ganz außen oder in den unteren Rand der Seitenwände zwei Löcher, die sich gegenüberstehen. Ziehen Sie die Schnur hindurch und verknoten Sie die Enden, so dass die Schnur nicht mehr durchrutschen kann. Diese muss so lang sein, dass die Kinder auf den Dosen stehen und die Schnur bequem in den Händen halten können.
Die Kinder müssen nun mit den Büchsenstelzen um einen markierten Punkt herumlaufen und sie dann dem Nächsten in der Mannschaft geben.

Der Herr und sein Knecht

8±

▸ *Karton, Schere*

Für jede Mannschaft schneidet man ein Paar große Schuhsohlen aus. Der Herr darf nur auf diesen Schuhsohlen laufen und der Knecht muss immer die hintere Sohle nach vorne bringen, damit sein Herr darauftreten kann. Die Kunst ist, dabei so flink zu sein, dass der Herr so schnell wie möglich eine bestimmte Strecke hinter sich bringt. Tritt der Herr daneben, müssen die beiden wieder von vorne anfangen.

Eier- oder Kartoffellauf

6+

▸ *Kochlöffel, hartgekochte Eier oder Kartoffeln*

Wenn man diese Staffel mit jüngeren Kindern spielt, sollte man nicht zu flache Kochlöffel nehmen.
Jede Mannschaft bekommt einen Kochlöffel und ein hartgekochtes Ei. Nacheinander müssen die Kinder mit dem Ei auf dem Löffel um die Wendemarke herumlaufen, dann dürfen sie das Ei in die Hand nehmen und es so schnell wie möglich dem nächsten Kind ihrer Mannschaft geben. Fällt das Ei vom Löffel, muss das Kind wieder von vorne anfangen.

Variation:
Es gibt für diese Staffel viele Variationsmöglichkeiten. Man kann die Fortbewegungsart verändern: rückwärts gehen, auf den Knien usw. Auch der Gegenstand, der getragen wird, kann verschieden sein, z.B. ein Glas voll Wasser auf einem Tablett, ein Ball auf einer Milchflasche, eine Murmel zwischen zwei Stöckchen usw.

Tunnelrennen
👥 🏵 8+ ♀ 🏃

Die Kinder jeder Gruppe stellen sich nebeneinander auf Füße und Hände, so dass sie einen Tunnel bilden. Immer der Letzte kriecht nun nach vorne und die Gruppe, die als erste das Ziel erreicht, hat gewonnen.

Fußstapfenrennen
👥 🏵 6+ ♀ 🏃

▶ *bunter Karton, Schere*

Man schneidet für jede Mannschaft eine bestimmte Anzahl von Fußstapfen aus. Jedes Team bekommt eine andere Farbe. Die Fußstapfen legt man als Spur aus und jede Mannschaft muss so schnell wie möglich alle Mitglieder über diese Spur laufen lassen. Wenn ein Kind danebentritt, muss es zum vorigen Fußstapfen zurück. Man kann die Staffel erschweren, indem man die Spuren der beiden Mannschaften durcheinander laufen lässt oder indem man den Abstand zwischen den Stapfen vergrößert.

Variation: Siebenmeilenstiefel
👥 🏵 6+ ♀ 🏃

Man schneidet für jede Gruppe ein Paar Riesensohlen aus. Nun markiert man einen Zielpunkt. Der erste Spieler jeder Mannschaft legt eine Sohle vor sich hin, tritt darauf und nimmt die zweite nach vorne, stellt sich darauf und läuft auf diese Weise so schnell wie möglich zum Ziel. Tritt er daneben, so muss er wieder von vorne anfangen. Beim Zielpunkt nimmt er die Sohlen auf, rennt schnell zu seiner Mannschaft zurück und gibt sie dem Nächsten.

Sackhüpfen
👥 🏵 6+ ♀ 🏃

▶ *Jutesäcke*

Die ersten Kinder der Mannschaften steigen in die Säcke, halten sie auf Hüfthöhe fest und hüpfen so schnell wie möglich zur Wendemarke. Entweder hüpfen sie so auch wieder zurück oder sie steigen dort aus dem Sack und rennen zurück. Dann kommt der Nächste dran.

Ballrennen
🏵 ✂ 6+ ♀ 🏃 ◍

▶ *sechs große Bälle*

Jedes Team hat drei Bälle. Auf ein Zeichen des Spielleiters rollt das erste Kind nacheinander alle drei Bälle um eine Wendemarke und wieder zurück. Dann ist das nächste an der Reihe.

Dreibeinstaffel
🏵 ✂ 8± ♀ 🏃

▶ *Stoffstreifen oder Halstücher*

Jedes Team teilt seine Mitglieder in Paare auf und bindet sie jeweils an den Knöcheln zusammen. Gemeinsam versuchen sie nun, um die Wendemarke herum und wieder zurück zu laufen (Entfernung ca. fünf Meter).

Knöchelstaffel
🏵 ✂ 6+ ♀ 🏃

Auf ein Zeichen des Spielleiters hin laufen die ersten Kinder jeder Mannschaft zu einem Zielpunkt (Entfernung ca. fünf bis acht Meter) und halten dabei mit den Händen ihre Knöchel fest. Auf dem Rückweg dürfen sie normal laufen.

Staffel mit verbundenen Augen
⚘ ✂ 8⁺ ♀ ✐ 🏃

▶ *Tücher, Hindernisse*

Man baut zwei Parcours mit einigen Hindernissen (z.B. Stühle oder Dosen) auf. Das erste Kind jeder Mannschaft stellt sich an den Anfang des Parcours und bekommt die Augen verbunden. Das zweite Kind steht am Ende der Strecke und gibt dem ersten Kind Anweisungen, wie es um oder über die Hindernisse kommen kann, ohne sie zu berühren. Klappt dies, so muss das erste Kind nun den nächsten Spieler lotsen. Berührt ein Kind ein Hindernis, so muss es wieder von vorne anfangen.

Hindernislauf mit verbundenen Augen
⚘ ✂ 6⁺ ⌂ ♀ ✐ 🏃

▶ *zwei Tücher, Hindernisse*

Dem Ersten der Gruppe werden die Augen verbunden. Danach wird ein Parcours mit Hindernissen aufgebaut. Die jeweilige Mannschaft hilft ihrem Spieler, indem die Kinder »rechts« oder »links« rufen. Der Rückweg darf ohne Augenbinde zurückgelegt werden.

Hüpfstaffel
⚘ ✂ 6⁺ ♀ 🏃

Bei dieser Staffel hüpfen die Kinder um die Wendemarke herum und eventuell auch wieder zurück. Die Entfernung zur Wendemarke kann man an das Alter der Kinder anpassen.

Kleiderstaffel
⚘ ✂ 6⁺ ♀ 🏃

▶ *zwei große Jacken, zwei Hüte, zwei Paar große Schuhe*

Auf ein Zeichen des Spielleiters ziehen die ersten Kinder beider Mannschaften die Kleider an, rennen um die Wendemarke herum und wieder zurück, ziehen alles schnell wieder aus und dann kommt das nächste Kind dran. Vor allem die großen Schuhe sorgen dafür, dass es immer etwas zu lachen gibt.

Schubkarrenstaffel
⚘ ✂ 12± ♀ 🏃

Beide Mannschaften werden in Paare eingeteilt, die jeweils gemeinsam die Wendemarke erreichen müssen. Das erste Kind läuft auf den Händen, das zweite nimmt seine Beine und ab geht's mit der Schubkarre! Ist das erste Paar zurück, läuft das nächste los.

Labyrinthstaffel
⚘ ✂ 6⁺ ⌂ ♀ 🏃

▶ *eine Rolle Toilettenpapier*

Man rollt das Toilettenpapier so aus, dass ein Labyrinth auf dem Boden entsteht (entweder im Zimmer oder auf einer ebenen Fläche draußen). Die Kinder müssen so schnell wie möglich auf diesen Irrwegen das Ziel erreichen. Treten sie mit einem Fuß daneben, müssen sie zwei Schritte zurückgehen. Stehen sie mit beiden Füßen neben dem Papier, müssen sie wieder von vorne anfangen.

Raupe
⚘ ✂ 8⁺ ⌂ ♀ 🏃

Das erste Kind jeder Mannschaft kniet an der Startlinie, das zweite dahinter und hält die Knöchel des Vordermannes fest usw. Wenn der Spielleiter ein Zeichen gibt, beginnt die Raupe zu kriechen – ungefähr 50 Meter weit. Jede Mannschaft muss als Raupe ankommen, aber es dürfen einzelne Glieder fehlen.

Siamesische Zwillinge
⚲✂ 12⁺ ⌂ ♀ 🏃

▶ *zwei Apfelsinen*

Die ersten beiden einer Mannschaft klemmen eine Apfelsine zwischen ihre Stirnen und laufen so um die Wendemarke herum und wieder zurück. Nun müssen sie die Apfelsine ohne Hände dem zweiten Paar übergeben. Die Paare dürfen nicht weiterlaufen, wenn sie die Apfelsine verloren haben, sie müssen sie erst wieder aufnehmen.

Pferd und Reiter
✂ 8⁺ ♀ 🏃

Jede Gruppe besteht aus einem Reiter und einer Anzahl Pferde. Die Rennbahn misst ca. 20 bis 30 Meter. Beim Startzeichen springen die Reiter so schnell wie möglich auf den Rücken eines ihrer Pferde und reiten bis ans Ziel. Dort steigen sie ab und rennen selbst so schnell wie möglich zum Start zurück, um das nächste Pferd zu nehmen. Die Gruppe, deren Pferde zuerst alle im Ziel sind, hat gewonnen.

Übergabestaffeln

Haarbandstaffel
♟⚲ 8⁺ ⌂ ♀ 🏃

▶ *breite Geschenkbänder*

Nicht nur Mädchen haben Bänder im Haar ...
Die ersten Spieler der Gruppen knoten dem zweiten ein Band mit einer Schleife um den Kopf. Danach verbeugen sie sich vor ihm und drehen sich wieder um. Jetzt erst darf der zweite das Band ablösen, sich zum nächsten umdrehen und es ihm umbinden.

Streichholzstaffel
♟⚲ 8⁺ ⌂ ♀ 🏃

▶ *Streichholzschachteln*

Jedes Team steht in einer Reihe. Das erste Kind hat eine Streichholzschachtel und muss sie weitergeben, ohne die Hände zu benutzen. Womöglich muss die Nase dafür herhalten?

Büroklammerstaffel
♟⚲ 8⁺ ⌂ 🏃

▶ *Büroklammern*

Jedes Kind der Mannschaft bekommt eine Büroklammer. Beim Startzeichen gibt das erste Kind die seine weiter. Das nächste muss erst seine Büroklammer daran festmachen, bevor es dann beide weitergibt usw.

Feuerwehrmänner
♟ ❀ 8⁺ ♀ 🏃

▶ *vier Eimer oder Schüsseln, Becher*

Die Kinder einer jeden Mannschaft stehen hintereinander. Vor jeder Mannschaft stellt man einen Eimer mit Wasser auf, hinter ihr einen leeren Eimer. Der erste Spieler schöpft beim Startzeichen einen Becher voll Wasser und gibt ihn vorsichtig weiter. Der letzte schüttet den Inhalt des Bechers in den leeren Eimer, dann geht es vorne wieder von neuem los. Wenn der Spielleiter ein Zeichen gibt, schaut man gemeinsam, welcher Eimer am vollsten ist.

Apfelsinenstaffel
❀ ✂ 8⁺ ⌂ ♀ 🏃

▶ *Apfelsinen*

Der Erste aus jeder Mannschaft bekommt eine Apfelsine und klemmt sie sich beim Startzeichen zwischen Kinn und Schulter. So muss er sie dem Nachbarn weitergeben. Die Hände bleiben auf dem Rücken. Wer die Apfelsine fallen lässt, muss sie sich wieder unter das Kinn klemmen.

Ballstaffel
❀ ✂ 8⁺ ♀ ◍ 🏃

▶ *zwei Bälle*

Die Kinder stehen breitbeinig in einer Reihe hintereinander. Der letzte Spieler rollt den Ball zwischen den Beinen der Spieler durch nach vorne und läuft gleichzeitig in Windeseile dorthin, um den Ball abzufangen und über die Köpfe hinweg wieder nach hinten durchzugeben. Die Mannschaft, deren letzter Spieler zuerst wieder hinten steht, hat gewonnen.

Aufgabenstaffeln

Jacke und Hut
♟ ❀ 8⁺ ⌂ ♀ 🏃

▶ *zwei Jacken und zwei Hüte*

Einige Meter von der Mannschaft entfernt liegen eine Jacke und ein Hut. Der erste Spieler rennt hin, zieht die Jacke an und knöpft sie ganz zu, setzt den Hut auf und rennt zu seiner Mannschaft zurück. Dort zieht er beides wieder aus. Der Nächste zieht alles ordentlich an und bringt es an seinen ursprünglichen Platz zurück usw.

»Tempo«-Staffel
⚄ ✿ 6± ⌂ 🏃

▶ *Papiertaschentücher, Strohhalme, Papierkörbe*

Alle bekommen einen Strohhalm. Auf das Startzeichen hin rennt der Erste jeder Mannschaft auf die andere Seite des Zimmers, wo einige aufgefaltete Tempos liegen und ein Papierkorb steht. Er saugt das Tempo mit seinem Strohhalm an, rennt damit zurück und gibt es an den Nächsten weiter. Der saugt es ebenfalls mit seinem Strohhalm an, bringt es zu dem Papierkorb und lässt es dort hineinfallen. Nun saugt er ein neues Tempo an, bringt es dem nächsten Spieler usw. Das geht so lange weiter, bis der Spielleiter ein Zeichen gibt, dann wird nachgezählt, welche Mannschaft die meisten Taschentücher befördert hat.

Wäsche aufhängen
⚄ ✿ 8+ ♀ 🏃

▶ *Wäscheleine, Wäscheklammern, zwei Wäschekörbe, Kleider*

Fünf Meter von jeder Gruppe entfernt ist eine Wäscheleine aufgehängt. Vor den Kindern steht ein Wäschekorb mit jeweils gleich vielen Kleidungsstücken. Auf ein Zeichen hin läuft der erste Spieler zu dem Wäschekorb, nimmt ein Wäschestück und zwei Klammern, rennt zur Leine und hängt es auf. Das wiederholt er so lange, bis alle Kleider aufgehängt sind. Der zweite Spieler hängt die Wäsche Stück für Stück wieder ab, der dritte hängt sie auf usw., bis alle einmal an der Reihe waren.

Papierstaffel
⚄ ✿ 6+ ⌂ 🏃

▶ *Papier, Becher, Löffel*

Vor jedem Spieler liegen ein Löffel und vier kleine Stückchen Papier und ein paar Meter weiter weg steht ein Becher. Beim Startzeichen nimmt jedes Kind mit einer Hand den Löffel, legt die andere Hand auf den Rücken und versucht nun, ein Stückchen Papier nach dem anderen mit dem Löffel in den Becher zu befördern. Das Kind, das zuerst alle Papierstückchen im Becher hat, hat gewonnen.

Baby füttern
✿ 🍴 8+ ⌂ ♀ 🏃

▶ *mehrere Babyflaschen, Lätzchen oder Servietten, Babymützchen*

Ein paar Meter vor jeder Mannschaft stehen ein Stuhl und ein Fläschchen mit Milch oder Wasser darin, daneben liegen ein Lätzchen und ein Babymützchen. Auf das Startzeichen hin rennt der erste Spieler zum Stuhl, zieht

Mützchen und Latz an, trinkt die Flasche leer und zieht alles wieder aus. Er legt die Sachen auf ihren Platz, rennt zurück und der Nächste beginnt. Man braucht mehrere Flaschen pro Mannschaft, damit der Spielleiter sie zwischendurch immer reinigen und wieder auffüllen kann. Die Sauger sollte man vorher ausprobieren, sie dürfen nicht zu leicht, aber auch nicht zu schwer gehen.

Variation:
Man kann auch einen Spieler der Mannschaft einem anderen z.B. ein Glas Milch mit einem Teelöffel füttern lassen.

Botschaften weitergeben
⚘ ✕ 8⁺ ⌂ ♀ ⚗

Der Erste jeder Mannschaft bekommt vom Spielleiter ein Wort ins Ohr geflüstert. Er muss es nun pantomimisch dem Nächsten vormachen, dieser seinem Hintermann usw. Der Letzte läuft zum Spielleiter und sagt ihm, was er geraten hat. Man kann sowohl die Geschwindigkeit bewerten, mit der geraten wird, als auch die Übereinstimmung des geratenen Begriffs mit dem ursprünglichen Wort.

Essen und pfeifen
⚘ ✕ 6⁺ ⌂ ♀ ⚗

▸ Kekse

Diese Staffel ist gar nicht so einfach. Beim Startzeichen essen die ersten Spieler einen Keks und pfeifen dann sofort eine Zeile eines bekannten Liedes. Dann kommt der Nächste an die Reihe. Welches Team ist zuerst fertig?

Pferde beschlagen
⚘ ✕ 6⁺ ⌂ ♀ ✦ ⚗

▸ *Tücher, Stühle, pro Gruppe vier kleine Plastikschälchen*

Jede Gruppe wählt einen Helfer. Dem ersten Kind jeder Mannschaft werden vom zweiten die Augen verbunden. Auf ein Zeichen hin läuft es auf die andere Seite des Zimmers, da steht das Pferd (ein Stuhl), das beschlagen werden muss, d.h. das Kind versucht, unter jedes Stuhlbein eines der Plastikschüsselchen zu stellen, die auf der Sitzfläche stehen. Ist das Pferd beschlagen, darf das Kind das Tuch abnehmen, zurückrennen und dem nächsten Spieler die Augen verbinden. Währenddessen stellt der Helfer die Plastikschälchen wieder auf den Stuhl.

Gruppen- und Geländespiele

Diebe fangen und befreien
⚘ ⚘ 12⁺ ♀ ⚌

▸ *zwei Markierungen für die »Gefängnisse«, Bänder in zwei Farben*

Beide Parteien haben ein Gefängnis. Abwechselnd versuchen die Mannschaften nun, die gegnerischen Kinder (die Diebe) zu fangen und in ihr Gefängnis zu bringen, wo sie von einem Spieler bewacht werden. Die Gefangenen müssen sich in einer Reihe an den Händen halten. Gelingt es dem letzten Dieb, einen der Gefangenen in der Reihe zu berühren, so sind alle Diebe wieder frei. Welche Gruppe hält am längsten durch?

Variation:
⚘ ⚘ ❅ ♀ ⚌

Die Gefangenen bilden eine lange Kette, aber nur der Dieb, der durch einen Mitspieler freigeschlagen wird, ist wieder frei.

Hasenjagd
⚘ ⚘ 8⁺ ♀ ⚌

Es gibt zwei Mannschaften. Die einen sind die Hunde, die anderen die Hasen. Die Hunde müssen die Hasen jagen und sie abschlagen. Wer abgeschlagen wird, scheidet aus. Nach einiger Zeit wechseln die Mannschaften die Rollen.

Jäger und Füchse
(Schnitzeljagd)
❀ ✂ 12+ ♀ ♟

▸ *Wegmarkierungen*

Die Kinder werden in zwei Gruppen aufgeteilt: Die einen sind die Füchse, die anderen die Jäger. Die Füchse sprechen mit dem Spielleiter ab, wo ihre Höhle ist. Dann laufen sie los, ohne dass die Jäger sehen, welche Richtung sie einschlagen. Sie markieren ihren Weg, dürfen aber auch Irrwege legen. Als Markierungen zeichnen sie z.B. mit Kreide Pfeile auf den Boden oder befestigen bunte Bänder an Büschen oder Zäunen. Nach einiger Zeit brechen auch die Jäger auf und versuchen, die Füchse abzuschlagen. Wenn die Füchse ihre Höhle erreicht haben, ohne gefangen worden zu sein, haben sie gewonnen.

Räuber in der Wüste
❀ ✂ 10+ ♀ ♟

Eine Gruppe der beiden Mannschaften spielt einen Kaufmann mit seinen Knechten, die andere besteht aus einer Horde Räuber. Ein Terrain von ca. 10 x 20 Metern wird als Wüste abgesteckt. Der Kaufmann reist nun mit seiner Ware durch die Wüste und hat als Schutz gegen Räuber seine Knechte dabei. Die Räuber versuchen, den Kaufmann abzuschlagen, aber sie müssen dabei sehr aufpassen, denn die Knechte können

ihrerseits die Räuber abschlagen. Ein Räuber, der abgeschlagen wird, scheidet aus – wenn der Kaufmann ausscheidet, werden die Rollen neu verteilt und das Spiel beginnt von vorne.

Verstecken
♟ ❀ 5+ ♀

Zuerst bestimmt man ein Gebiet, in dem die Kinder sich verstecken dürfen. Ein Kind stellt sich an eine Mauer oder einen Baum (Anschlageplatz), hält sich die Augen zu und zählt bis zehn. Dann ruft es: »Eckstein, Eckstein, alles muss versteckt sein. Hinter mir, vor mir, über mir, da gilt es nicht – ich komme!«
In der Zwischenzeit haben die anderen Kinder sich versteckt. Wenn der Sucher ein Kind gesehen hat, läuft er zum Anschlageplatz und ruft: »Eins, zwei drei für ... (Name des Kindes, das er entdeckt hat)«. Die Kinder, die noch nicht gefunden wurden, können sich auch

selbst freischlagen, indem sie zum Baum oder zur Mauer laufen, die Hand darauflegen, bevor es der Sucher tut, und rufen »Eins, zwei drei für ...« Wenn alle Kinder entdeckt wurden, ist das Spiel vorbei. Das Kind, das als erstes entdeckt wurde, muss jetzt suchen. Haben sich alle Kinder selbst freigeschlagen, muss dasselbe Kind noch ein zweites Mal suchen.

Variation: Winken
♟ ❀ 8+ ♀

»Winken« spielt man am besten im Wald oder einem hügeligen Gelände, wo die Kinder sich gut verstecken und dann aus ihrem Versteck hervorspähen können, um zu winken. Sobald der Sucher ein Kind gefunden hat, ruft er: »Ich habe ... (Name) gefunden!« Das Kind scheidet aus und muss zum Abschlageplatz kommen. Sobald der Sucher erneut loszieht, um das nächste Kind aufzuspüren, darf der Gefangene schauen, ob er irgendwo eines der versteckten Kinder sieht, das ihm zuwinkt. Hat er diesen »Wink« bekommen, ist er wieder frei und darf sich aufs Neue verstecken. Beim Winken laufen die Kinder natürlich Gefahr, gesehen und aufgerufen zu werden, und auch der Befreite muss aufpassen, dass er nicht wieder zurückgerufen wird.

»Mensch ärgere dich nicht« in Lebensgröße
✿ ✕ 12⁺ ♀

▶ *Strick, Zeltheringe, kleine Fähnchen, großer Würfel, für jede Gruppe farbige Bänder*

Aus Karton oder Schaumgummi kann man einen großen Würfel basteln. Das Spielfeld wird mit einem Strick und Zeltheringen abgesteckt und die Route, die die lebenden Spielfiguren absolvieren sollen, mit den Flaggen markiert. Pro Gruppe gibt es drei Läufer und einen Spieler, der würfelt. Die Gruppen würfeln abwechselnd. Wird eine Sechs gewürfelt, darf der erste Läufer aufs Feld. Es darf noch einmal gewürfelt werden und der Läufer darf so viele Felder weitergehen, wie Augen gewürfelt wurden. Wenn alle Läufer auf dem Spielfeld sind, darf bei einer Sechs immer noch einmal gewürfelt und entsprechend der Anzahl aller Augen weitergelaufen werden. Das Kind, das würfelt, darf bestimmen, welcher Läufer weitergehen darf. Kommt dieser auf ein Feld, das schon besetzt ist, schmeißt er den anderen Läufer aus dem Spiel. Dieser geht dann zurück zum Ausgangspunkt. Erst wenn wieder eine Sechs gewürfelt wird, darf er wieder ins Spiel. Die Mannschaft, die zuerst alle Läufer ins Ziel bringt, hat gewonnen. Man braucht mindestens drei Teams mit je drei Kindern für dieses Spiel. Wenn möglich bilden Sie am besten vier Mannschaften mit drei oder vier Kindern.

Tigerjagd
✿ ✕ 14⁺ ♀

▶ *dickes Seil oder alte Lappen*

Man bereitet einige Schwänze aus dicken Seilen oder alten Lappen mit einem Knoten am einen Ende vor. Fünf Meter voneinander entfernt zieht man zwei gleich lange Linien. Hinter der einen stehen die Jäger, hinter der anderen die Tiger. Diese stecken einen Schwanz hinten in ihre Hose. Sie versuchen, durch die Linie der Jäger hindurchzuschlüpfen, ohne dass ihnen der Schwanz gestohlen wird. Ein Tiger ohne Schwanz ist tot. Kann allerdings ein Tiger mit der Hand den Schuh eines Jägers berühren, so ist der Jäger tot. Das Spiel ist vorbei, wenn entweder alle Jäger oder alle Tiger tot sind. Dann können die Rollen getauscht werden.

Fahnenraub
✿ ✕ 10⁺ ♀ �

▶ *eine Fahne, Bänder in zwei Farben*

Es gibt zwei Mannschaften: Angreifer und Verteidiger. Sie sind durch verschiedenfarbige Bänder am Oberarm gekennzeichnet. Diese müssen so geknotet sein, dass sie abgehen, wenn man daran zieht. Die Angreifer müssen versuchen, die Fahne zu rauben – die Verteidiger wollen dies verhindern. Man kann den Gegner dadurch außer Gefecht setzen, dass man sein Band abreißt. Dann scheidet er aus. Je mehr Wachtposten die Angreifer beseitigen, umso leichter fällt ihnen ihr Vorhaben. Die Angreifer haben gewonnen, wenn sie die Fahne erobern. Die Verteidiger gewinnen, wenn es ihnen gelingt, alle Angreifer außer Gefecht zu setzen. Wenn manche Kinder zu lange

am Rand sitzen, lässt man das Spiel einfach wieder von vorne beginnen und vertauscht die Rollen.

Überläufer
✿ ✕ 10⁺ ♀

▶ *Bänder in zwei Farben*

Man malt ein quadratisches Spielfeld auf, ungefähr 10 x 10 Meter groß, je nach Anzahl der Mitspieler. Es gibt zwei Mannschaften, die sich an den Rändern des Spielfeldes aufstellen, so dass sie sich gegenüberstehen. Man verteilt nun die Bänder, damit jede Mannschaft an deren Farbe zu erkennen ist. Ein Kind von jeder Mannschaft steht in dem Viereck und muss versuchen, die gegnerischen Spieler abzuschlagen, während sie das Spielfeld überqueren. Kinder, die abgeschlagen wurden, gehen in das Feld und helfen, die anderen abzuschlagen.

Schnitzeljagden

Geschichten
Der Ausgangspunkt für eine Schnitzeljagd kann eine selbst ausgedachte Geschichte sein oder auch ein Märchen oder eine Sage, die man allerdings fast immer etwas abändern muss. Die Geschichte kann erzählt oder für Kinder bis zum siebten Lebensjahr als Puppenspiel aufgeführt werden. Bei großen, komplizierten Schnitzeljagden kann sie sowohl den Ausgangspunkt bilden als auch die Aufgaben beinhalten und Informationen über das Gelände geben, vielleicht sogar ein Stück Stadtgeschichte.

Vorbereitung
• Es ist wichtig, ein deutlich abgegrenztes Gelände zu wählen, z.B. einen Park. Auf einem kleinen Gelände von ca. 50 x 150 Metern dauert eine Schnitzeljagd meist fünf bis zehn Minuten. Soll sie länger dauern, muss man ein größeres Gelände oder eines mit vielen Bäumen und Sträuchern aussuchen.
• Nun zeichnet man einen Plan des Geländes auf und nimmt sich genügend Zeit, um alle Gegebenheiten zu erforschen. Der Startpunkt und die Stellen, wo Aufgaben zu erledigen sind oder der Schatz versteckt werden soll, müssen genau eingezeichnet werden. Am besten nummeriert man sie und schreibt auf, wie lange man von einem Punkt zum nächsten läuft.

• Meist ist es sinnvoller, etwas von Menschen Gemachtes (ein Haus oder einen Wegweiser) als Orientierungspunkt zu wählen als etwas aus der Natur.
• Sorgen Sie dafür, dass die Zettel mit den Aufgaben nicht weggeweht oder vom Regen durchnässt werden können.
• Notieren Sie sich, wie lange man braucht, um von einem Versteck zum anderen zu laufen.
• Den Schatz versteckt man so, dass die Kinder ein Eckchen davon sehen können, wenn sie aufmerksam schauen. Das letzte Zeichen vor dem Schatz kann ruhig klein und unauffällig sein, so dass die Kinder vielleicht erst einmal vorbeilaufen.

Der Schatz
• Schokoladentaler in Goldfolie sind natürlich hervorragend als Schatz geeignet. Am schönsten ist es, wenn man sie in eine Kiste packt, die wie eine Schatzkiste aussieht.
• Denken Sie daran, dass der Schatz unter allen Mitspielern gerecht verteilt werden muss.
• Sorgen Sie dafür, dass Sie einige Taler in Reserve haben.
• Der Schatz wird erst zu Hause verteilt.

Die Ausarbeitung

• Tüfteln Sie zu Hause eine Route aus, die entlang der verschiedenen Verstecke bis zum Schatz führt.

• Schätzen Sie anhand Ihrer Aufzeichnungen und der Aufgaben, wie lange die Schnitzeljagd dauern wird. Denken Sie daran, dass die Kinder streckenweise rennen und deshalb viel weniger Zeit brauchen werden. Nummerieren Sie die Verstecke und beginnen Sie mit Nummer zwei – die erste Karte bekommen die Kinder, wenn sie loslaufen. Diese führt sie zum ersten Versteck.

• Machen Sie nun entsprechend der Anzahl an Verstecken eine Liste mit Fragen und Antworten. Dann schreiben Sie auf jedes Kärtchen eine Aufgabe und eine Anweisung, die zum nächsten Versteck führt.

• Markieren Sie die Route mit Zweigen, Wollfäden, Sand oder weißen Steinchen oder zeichnen Sie mit Kreide Pfeile auf den Boden. Diese Spuren sind nach ein paar Tagen wieder verschwunden und verursachen keinen Abfall. Achten Sie darauf, dass man die Zeichen einer späteren Etappe nicht schon vorher entdecken kann, sonst lassen die Kinder eventuell ganze Teile der Route aus.

• Falls nötig, muss jemand kurz vorher noch mal kontrollieren, ob alle Zeichen noch deutlich sichtbar sind.

Fragen und Aufträge

• Achten Sie bei der Wahl und beim Formulieren der Fragen auf das Alter der Kinder. Wenn sie eine Frage nicht verstehen oder lange herumraten, verlieren sie womöglich die Lust.

• Die Beschreibung eines Verstecks kann ruhig ein bisschen indirekt oder blumig formuliert sein, z.B.: »Wenn ihr beinahe über die hölzerne Brücke hinüber seid ...« Das »beinahe« lässt darauf schließen, dass sich das Versteck noch auf der Brücke befindet. Wenn es auf der Brücke mehrere Verstecke gibt, muss die Anweisung konkreter sein.

• Versuchen Sie, mit den Fragen verschiedene Fähigkeiten der Kinder herauszufordern. Ein Auftrag wie: »Gehe vom östlichen Tor 84 Pfähle nach Norden und dann $^{11}/_{12}$ davon nach Süden« kann eine lange Rechnerei und viele unnötige Schritte nach sich ziehen, wenn nicht ein Schlaumeier früh genug merkt, dass man nur sieben Pfähle weitergehen muss.

• Einfache Fragen für eine Schnitzeljagd können sein: Welche Tiere leben hier im Wald? Wie hoch ist dieser Baum? Wie alt ist eure Mannschaft zusammen? Wo würdet ihr übernachten, wenn ihr euch verlaufen hättet und hier ankommen würdet? Aufgaben könnten sein: Singt ein Lied über den Wald, oder: Macht einen Kranz aus Dingen, die ihr hier findet.

• Schwere Fragen sollten erst am Schluss vorkommen, wenn die Kinder kurz vor dem Ziel sind. Dann ist ihre Motivation am größten.

• Wenn das Wetter gut ist und Sie genug Zeit haben, können Sie ältere Kinder ruhig einmal auf einen Irrweg führen, allerdings sollte man sie nie zweimal hintereinander einer falschen Spur folgen lassen.

• Kontrollieren Sie zur Sicherheit vorher noch einmal Ihre Anweisungen wie »links« oder »rechts« – nichts ist ärgerlicher, als die Kinder in die falsche Richtung zu schicken, nur weil man seinen Plan falsch benutzt hat.

Während der Schnitzeljagd

• Gehen Sie mit den Kindern zum Startpunkt und beschreiben Sie ihnen, wo die Grenzen des Terrains sind. Das verhindert, dass Sie später eine Gruppe suchen (lassen) müssen, die sich verlaufen hat.

• Besprechen Sie mit den Kindern, dass sie als Gruppe immer beieinander bleiben müssen. Sie sollen auch alle Aufgabenkarten wieder mitbringen, um keinen Abfall zu hinterlassen. Wer eine Karte vergisst, bekommt eventuell einen Strafpunkt.

• Sprechen Sie ab, wo die Kinder Sie finden können, wenn sie nicht weiterkönnen oder wenn etwas passiert ist. Lassen Sie sie nie ganz aus dem Auge, falls sie belästigt werden oder sich wirklich verlaufen.

• Manchmal kann es hilfreich sein, einen Helfer zu haben, der aufpasst, dass der Schatz nicht verschwindet und die Aufgabenkarten alle auf ihrem Platz bleiben.

Einfache Schnitzeljagd für Kinder von fünf bis sieben Jahren
☺ ✳ ♀

• Für eine Schnitzeljagd sollten die Kinder mindestens fünf Jahre alt sein. Die Kleinsten dürfen nur in Begleitung eines Erwachsenen auf Schatzsuche gehen. Man braucht sie nicht in mehrere Gruppen aufzuteilen, denn für sie geht es mehr um das Abenteuer, eine Spur zu verfolgen, die zu einem Schatz führt, als um den Wettstreit mit ihren Kameraden.

• Als Ausgangspunkt können Sie z.B. folgende Geschichte erzählen oder als Puppenspiel vorführen:

Kasperle stellt fest, dass er schrecklichen Appetit auf Pfannkuchen hat. Aber er kann sich keine backen, denn er hat keine Eier im Haus, und er kann nirgends welche kaufen, überall sind sie ausverkauft. Er geht auf die Straße und begegnet schließlich einem Männchen, das ein paar Eier gegen rote Wolle tauschen würde.

Daraufhin fragt das Kasperle die Kinder, ob sie ihm helfen wollen, ein Knäuel rote Wolle zu suchen. Zufällig findet er auch noch eine Nachricht für die Kinder, in der drinsteht, wo sie suchen sollen.

• Bei der Schnitzeljagd müssen die Kinder ein Knäuel rote Wolle suchen. Markieren Sie die Route mit roten Wollfäden. Die Suche braucht nicht länger als eine Viertelstunde zu dauern. Sie können Kärtchen mit einfachen Aufgaben an die Wollfäden binden, wie z.B.: »Hüpft bis zum nächsten Wollfaden.« Das gefundene Wollknäuel können die Kinder beim Kasperle gegen Pfannkuchen oder auch Süßigkeiten eintauschen.

Einfache Schnitzeljagd für Sieben- bis Achtjährige
❀ ❋ ♀

• In diesem Alter können Kinder sowohl Fragen beantworten als auch Aufträge ausführen. Bei Siebenjährigen beschränkt man sich am besten auf eine

Gruppe und begleitet sie. Für ältere Kinder ist eine Schnitzeljagd mit mehreren Gruppen spannender, weil sie dann zu einem Wettstreit wird.

• Als Ausgangspunkt können Sie sich eine Geschichte ausdenken oder eine bereits bestehende verändern, z.B. so:

Dein Urgroßvater war Kapitän auf einem großen Schiff. Er wurde von Seeräubern verfolgt und deshalb hinterließ er eine geheime Botschaft, die zu dem Ort führt, wo sein Schatz versteckt ist.

• Man kann verschiedene Details, die den Kindern später während der Schnitzeljagd wieder begegnen, in die Geschichte einbauen. Erzählen Sie z.B., dass dieser Urgroßvater immer einen Hut mit Federn trug, und legen Sie die Spur mit Federn aus Papier, die mit einem Draht an den Büschen befestigt werden.

Schnitzeljagd im Haus
♘⚗ 4-6 ⌂ ⚑

• Eine Schnitzeljagd im Haus kann im Zeichen des Festmottos stehen. Man hat natürlich viel weniger Platz und deshalb geht es nicht so sehr um das Suchen, sondern mehr um das Lösen unterschiedlicher Aufgaben. Man kann auch Aufgaben stellen, die eine längere Antwort erfordern oder bei denen die Kinder etwas basteln müssen.

• Beschreiben Sie exakt, wo gesucht werden soll, damit Ihnen nicht das Haus auf den Kopf gestellt wird.

• Verstecken Sie die Aufgabenzettel nicht einfach an irgendeinem Platz, sondern verstauen Sie sie z.B. immer in einem Glas, dann wissen die Kinder auch genau, wonach sie suchen müssen. So entsteht eine Schnitzeljagd von einem Glas zum nächsten. Die erste Anweisung führt zum ersten Glas.

Vorschläge:

• Schreiben Sie willkürlich ein paar Buchstaben auf, von denen einige zusammen ein Wort ergeben. Nummerieren Sie die Buchstaben und geben Sie dabei den Buchstaben, die das Wort bilden, die gleiche Nummer. Jeder Zahl ordnen Sie eine Farbe zu, und wenn die Kinder die Buchstaben anmalen, wird dieses Wort sichtbar.

• Die Anfangsbuchstaben der Antworten auf einige Fragen bilden miteinander ein Wort.

• Es liegen eine Menge Wollfäden im Zimmer herum. Aneinander geknotet zeigen sie von einem bestimmten, angegebenen Punkt aus den Radius an, innerhalb dessen gesucht werden muss.

• Auf der Rückseite eines Puzzles, das die Kinder zusammensetzen sollen, steht eine Botschaft.

Schnitzeljagd durch den eigenen Wohnort
⚗ ✀ ❀ ♀ 👯

▶ *Papier und Bleistifte, ein Plan des Dorfes bzw. der Stadt*

Diese Schnitzeljagd bietet den Kindern ein Stückchen Heimatkunde: Sie erfahren dabei einiges über ihren Wohnort. Allerdings muss eine Menge vorbereitet werden: Man muss sich in die Geschichte des Ortes einarbeiten, eine Route durch die Ortschaft festlegen und dann dazu passende Fragen formulieren. Abhängig von der Anzahl bzw. dem Alter der Kinder bildet man eine oder mehrere Gruppen für die Schnitzeljagd.

• Die Aufgaben bei dieser Schnitzeljagd fordern Mut und Einsatz von den Kindern. Für eine Antwort auf die Frage: »Wer ist der Bürgermeister dieses Ortes?« müssen sie z.B. ins Rathaus gehen und beim Pförtner nachfragen.

Schnitzeljagd mit zwei Gruppen

✿ ✄ ✳ ♀ ♟

• Jede Gruppe bekommt eigene, gleich schwierige Aufgaben; ✿ sieben bis acht, ✄ zehn bis zwölf Fragen. Jede Gruppe absolviert eine eigene Route, beide Wege sind aber gleich lang. Es gibt zwei Schätze, die an verschiedenen Orten versteckt sind. Arbeiten Sie erst die eine und dann die andere Route aus. Die Gruppen werden bereits zu Hause gebildet. Jede Mannschaft bekommt Aufgabenkarten in einer anderen Farbe.

• Die Vorbereitung der Schnitzeljagd für zwei Gruppen kostet natürlich mehr Zeit. Man braucht zwei bis drei Stunden, um sich die Aufgaben auszudenken, mindestens eine Stunde, um die Routen festzulegen und abzugehen, und dann noch eine Menge Zeit, um die Kärtchen zu schreiben und zu verstecken.

• Abhängig vom Alter der Kinder wählt man einen großen Park, ein Waldstück oder einige ruhige Straßen im Ort für die Schnitzeljagd aus.

Variation:

• Wenn man für zwei Gruppen nur eine Route ausgearbeitet hat, muss die zweite Gruppe mindestens zehn Minuten warten, bis sie losläuft. Es geht dann nicht darum, welche Gruppe zuerst ihren Schatz findet, sondern um die richtige Beantwortung der Fragen oder um die Art, wie die Aufträge ausgeführt werden. Das Team mit den meisten Punkten erhält eine Belohnung.

Die Lösung für die Frage nach dem Alter des Rathauses steht vielleicht auf dem Giebel.

• Bei dieser Schnitzeljagd geht es hauptsächlich darum, Fragen zu beantworten. Vielleicht kann auch irgendwo ein Schatz oder ein Preis versteckt sein. Das Versteck kann dann aus den Antworten auf alle Fragen abgeleitet werden, z.B. geben die ersten Buchstaben der Antworten den Ort des Verstecks an.

Variation:

Bei der Schnitzeljagd können die Kinder auch mit dem Fahrrad fahren. Dann muss auf den Einladungen stehen, dass sie ihre Fahrräder mitbringen sollen.

10. Puppenspiel und Kasperletheater

Warum ein Puppenspiel?

• Beim Thema Puppenspiele und Kasperletheater denken die meisten Menschen wahrscheinlich sofort: »Das kann ich doch gar nicht!«
Es geht aber gar nicht darum, ein fehlerloses Spiel vorzuführen, sondern den Kindern die Möglichkeit zu geben, sich in die Inhalte und die Bilder des Spiels hineinzuversetzen.
• Kasperlepuppen kann man natürlich kaufen, aber es ist viel schöner, sie selber zu machen und auf das abzustimmen, was man spielen will. Während man an ihnen arbeitet, reift meist auch die Geschichte heran, die man vorspielen will.

Abb. 32   Einfache Stehpuppe

• In diesem Kapitel beschreiben wir drei verschiedene Arten von Puppen, die Sie selber herstellen können: eine simple Stehpuppe aus einem Pappzylinder, eine einfache Marionette und eine klassische Handpuppe.
• Sie müssen nicht gleich mit perfekten, bis ins Detail ausgearbeiteten Puppen anfangen. Basteln Sie für Ihre kleinen Kinder einfache Puppen, die Sie dann im Laufe der Jahre immer weiter ausarbeiten.

Puppenspiel für die Kleinsten

• Für die Kleinen braucht man noch kein prächtig gekleidetes Kasperle – einfache Püppchen aus Pappzylindern reichen völlig (siehe Abb. 32).
• In diesem Alter sehen die Kinder am liebsten Dinge, die sie schon kennen und folglich wiedererkennen können. Deshalb greift man im Puppenspiel am besten ganz alltägliche Situationen auf:
• das Empfangen eines Geschenks
• ein festliches Essen
• einkaufen gehen
• unerwarteter Besuch
• am Geburtstag krank sein
• Verstecken spielen
• etwas verlieren und wieder zurück bekommen
• packen und umziehen

Puppenspiel für Kindergartenkinder

• Für diese Kinder sollten die Puppen schon stärker ausgearbeitet sein. Nehmen Sie Stehpüppchen oder auch Marionetten, mit denen man auf dem Tisch spielt. Mit den Stehpüppchen können die Kinder nach dem Puppenspiel selbst spielen – um mit Marionetten umzugehen, sind sie meist noch zu klein. Für Kinder in diesem Alter können Sie nun eine »richtige« Geschichte als Puppenspiel aufführen.

Geeignete Themen für dieses Alter sind:
• eine Nacht bei den Zwergen
• ein Zaubertrank, eine Hexe, Zauberei und ein glücklicher Ausgang
• der Hund Bello ist weggelaufen
• Knecht Ruprecht hat seinen Sack verloren
• auf Wanderschaft sein und sich verirren

Grimmsche Märchen, die sich fürs Puppenspiel eignen:
• Der süße Brei
• Rumpelstilzchen
• Allerleirauh
• Jorinde und Joringel
• Die Alte im Walde
• Das Waldhaus

Puppenspiel für Kinder ab sieben Jahren

• Für Kinder in diesem Alter kann man noch immer ohne weiteres Puppenspiele vorführen. Steht das Fest unter einem bestimmten Motto, kann man dieses im Puppenspiel aufgreifen oder man leitet damit eine Schnitzeljagd ein (siehe »Schnitzeljagden«, Seite 89ff.).
• Eine weitere Möglichkeit, auf eine Schnitzeljagd hinzuführen, wäre die Geschichte von einem Prinzen, der genauso heißt wie das Geburtstagskind.

Er möchte die Prinzessin heiraten und muss aber erst einige Aufträge ausführen, bevor er das darf. Er bittet die Kinder, ihm zu helfen. Die Kinder müssen dann bei der Schnitzeljagd bestimmte Gegenstände suchen und Aufgaben lösen.

Einige allgemeine Hinweise für Puppenspiele

Thema und Geschichte

• Sie können zwischen einer selbst ausgedachten Geschichte, einer Geschichte aus einem Buch oder einem Märchen wählen. Die Handlung sollte nicht zu kompliziert sein.
• Überlegen Sie sich zu dem gewählten Thema eine einfache Geschichte mit einem Höhepunkt. Sie sollte nicht länger als zehn Minuten dauern. Ein Beispiel:

Hans hat morgen Geburtstag und ist sehr gespannt, was er wohl geschenkt bekommt. Als seine Mutter gerade in der Küche steht und kocht, geht er in das Schlafzimmer seiner Eltern und sucht dort im Schrank, unterm Bett und hinter dem Stuhl nach dem Geschenk. Plötzlich kommt die Mutter herein. Lachend sagt sie, dass sie sehr gut versteht, dass ihm das Warten schwerfällt. Aber sie weiß Rat: Wenn er in die Küche kommt und hilft, dann geht die Zeit schneller vorbei, und wenn Hans dann ins Bett geht, ist er so müde, dass er sofort einschläft.
Am anderen Morgen ist es so weit: Hoch soll er leben! Nach dem Singen bekommt er sein Geburtstagsgeschenk und glücklicherweise hat seine Mutter auch daran gedacht, dass noch mehr Kinder kommen, die Süßigkeiten mögen, denn das gehört zu einem Geburtstag!

Kulissen

• Schreiben Sie sich die verschiedenen »Bühnenbilder« auf und notieren Sie sich für jedes, welche Gegenstände Sie brauchen.
• Die oben genannte Geschichte spielt im Kinderzimmer von Hans, im Schlafzimmer der Eltern, im Wohnzimmer und in der Küche. Sie brauchen aber nicht alle Räume auf die Bühne zu bringen, sondern z.B. nur das Schlaf- und das Kinderzimmer.
Schlafzimmer: Nehmen Sie eine kleine Kiste auf zwei Streichholzschachteln als Bett mit einem Tüchlein als Decke, einen Klotz als Schrank und eventuell noch ein paar Möbel aus einem Puppenhaus oder ebenfalls aus Klötzen. (Hier sucht Hans nach seinem Geschenk.)
Kinderzimmer: ein Schächtelchen als Bett, eventuell Möbel aus einem Puppenhaus, ein kleines Päckchen oder Tütchen als Geschenk.

Vorbereiten und üben

• Die Geschichte muss eine einfache Handlung und einen deutlichen Höhepunkt haben. Der Teil vor dem Höhepunkt sollte länger sein als der danach, dann wird die Geschichte nie langweilig.
• Wenn Sie die Geschichte vorher einige Male durchspielen, merken Sie sofort, wo Sie noch etwas verändern müssen und was Ihnen noch fehlt. Zu viele Kulissenwechsel können verwirrend sein.
• Natürlich ist es am schönsten, wenn Sie die Geschichte auswendig erzählen, während Sie spielen. Ist Ihnen das zu schwierig, dann bitten Sie jemand anderen, erzählend vorzulesen (also nicht einfach nur vorzulesen), während Sie spielen. Dann müssen Sie aber vorher miteinander üben.
• In der Geschichte von Hans wird erzählt, dass die Mutter in die Küche geht, aber es gibt gar keine Küche zu

Abb. 33 Vater

Abb. 34 Tochter

95

sehen. So etwas sollte nicht allzu oft vorkommen, weil die Kinder dabei auf der Bühne nichts zu sehen bekommen.

Das Erzählen

• Sprechen Sie ruhig und langsam. Wenn Sie selbst das Gefühl haben, es sei etwas schleppend, dann ist es gerade das richtige Tempo für die Kinder. Natürlich wird die Stimme lauter oder leiser, um ausdrucksvoller zu sein, und wenn es spannend wird, können Sie das Tempo etwas steigern.

• Wenn Sie einen Helfer haben, können Sie die Aufgaben verteilen: Einer erzählt, der andere spielt. Bei längeren Geschichten oder Märchen ist es besonders schön, wenn Sie während der Szenenwechsel Musik spielen lassen oder ein Lied singen.

• Bewegen Sie die betreffenden Puppen, während Sie sprechen, damit deutlich wird, welche Puppe etwas sagt. Puppen oder Tiere, die gerade nicht mitspielen, liegen hinter dem Tisch auf einem Hocker oder auf Ihrem Schoß.

Die Aufführung

• Die Kinder kommen herein und setzen sich im Halbkreis auf Stühlen oder Kissen vor einen niedrigen Tisch. Der bzw. die Puppenspieler sitzen hinter dem Tisch. Bauen Sie so viel wie möglich vorher schon auf, dann haben die Kinder etwas anzuschauen, bis alle sitzen. Wenn das nicht geht, lassen Sie die Kinder ruhig zuschauen, wie Sie alles aufbauen, und erzählen Sie Ihnen etwas dabei.

• Halten Sie alles so einfach wie möglich. Die Gegenstände brauchen nur anzudeuten, was sie sein sollen. Ein Haus oder ein Zimmer braucht nicht vollständig ausgestaltet zu sein, ein gefaltetes Tuch stellt Bettzeug und ein Aststückchen einen Stuhl dar. Um die Natur anzudeuten, reichen grüne und braune Tücher aus, ein blaues Tuch ist

das Wasser. Man kann das Ganze mit Wurzeln, Zweigen, Tannenzapfen und dergleichen noch weiter ausschmücken.

• Sorgen Sie dafür, dass hinter dem Tisch, auf dem Sie spielen, genügend Platz ist, wo Sie alle Puppen und Gegenstände hinlegen können. Während des Spiels kann auch eine Schürze mit Taschen

sehr nützlich sein, um alles schnell zur Hand zu haben.

• Machen Sie alles mit viel Ruhe und Sicherheit, dann sieht es für die Kinder so aus, als ob alles, was Sie tun, zur Geschichte gehört, selbst wenn Sie etwas im Textbuch nachschauen müssen.

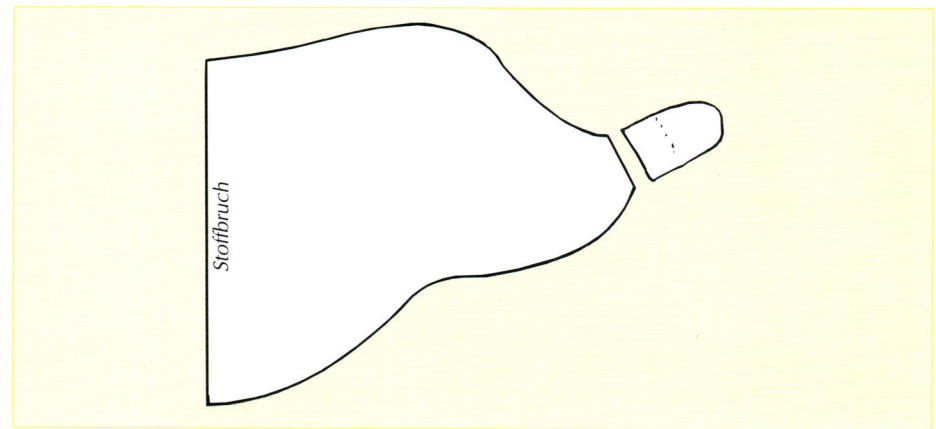

Abb. 35 Umhang für die Stehpuppe auf Seite 94

Abb. 36

Puppen basteln

Im Folgenden sind einige einfache Bastelanleitungen für Puppen und für eine Puppenbühne aufgeführt. Wenn Sie sich intensiver mit diesem Thema befassen wollen, sollten Sie ein Buch zu Rate ziehen, das ausführlicher darauf eingeht.

Einfache Tischpuppen (Stehpuppen)

▸ *Pappzylinder von ca. 10 cm Höhe und 4,5 cm Durchmesser, Karton, Pfeifenreiniger, Trikotstoff für den Kopf, ungesponnene Schafwolle bzw. Wollvlies oder anderes Füllmaterial, Stoffreste und / oder Filz, Strickwolle für die Haare, Kieselsteine, Klebstoff, Tesafilm, Stecknadeln*

• Papprollen von Toiletten- oder Haushaltspapier sind hierfür geeignet.

Abb. 37

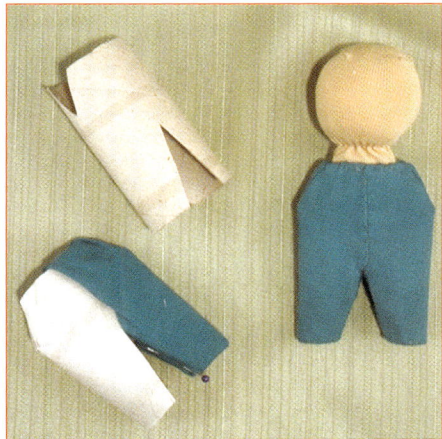

Abb. 38

Abb. 39a

Abb. 39c   Abb. 39b

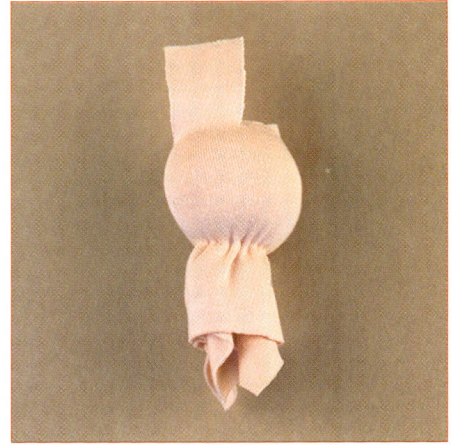

Man kann sie auch selbst herstellen, indem man einen Streifen Pappe aufrollt und zusammenklebt. Schneiden Sie in die Oberkante vorne und an beiden Seiten 2-3 cm tiefe Keile, so dass Dreiecke stehen bleiben. Knicken Sie diese nach innen und kleben Sie sie zusammen, so dass der Zylinder an den Seiten und vorne schräg zusammenläuft (Abb. 37).

• Bekleiden Sie nun den Zylinder, indem Sie ein Stück Stoff oder Filz darum herumnähen oder -kleben. Filz ist besonders geeignet, weil er gut zu schneiden ist und nicht ausfranst. Oben sollte ein bisschen Stoff überstehen, damit der Hals festgenäht werden kann (Abb. 37).

• Für den Kopf rollt man ein bisschen Wollvlies zwischen den Handflächen zu einer Kugel und legt diese auf ein Stück Trikotstoff von 16 x 16 cm Größe. Wenn Sie nun den Trikotstoff um den Wolleball wickeln und am Hals fest zusammenbinden, sollten Sie darauf achten, dass es auf dem Gesicht keine Falten gibt (Abb. 39a und b).

• Um die Falten ganz zu vermeiden, spannt man nun ein zweites Stück Trikotstoff straff über das Köpfchen, schneidet es mehrmals ein und näht es dann stramm fest (Abb. 39c).

• Stecken Sie nun den Hals oben in den mit Stoff umhüllten Zylinder, befestigen Sie ihn erst mit ein paar Stecknadeln, um

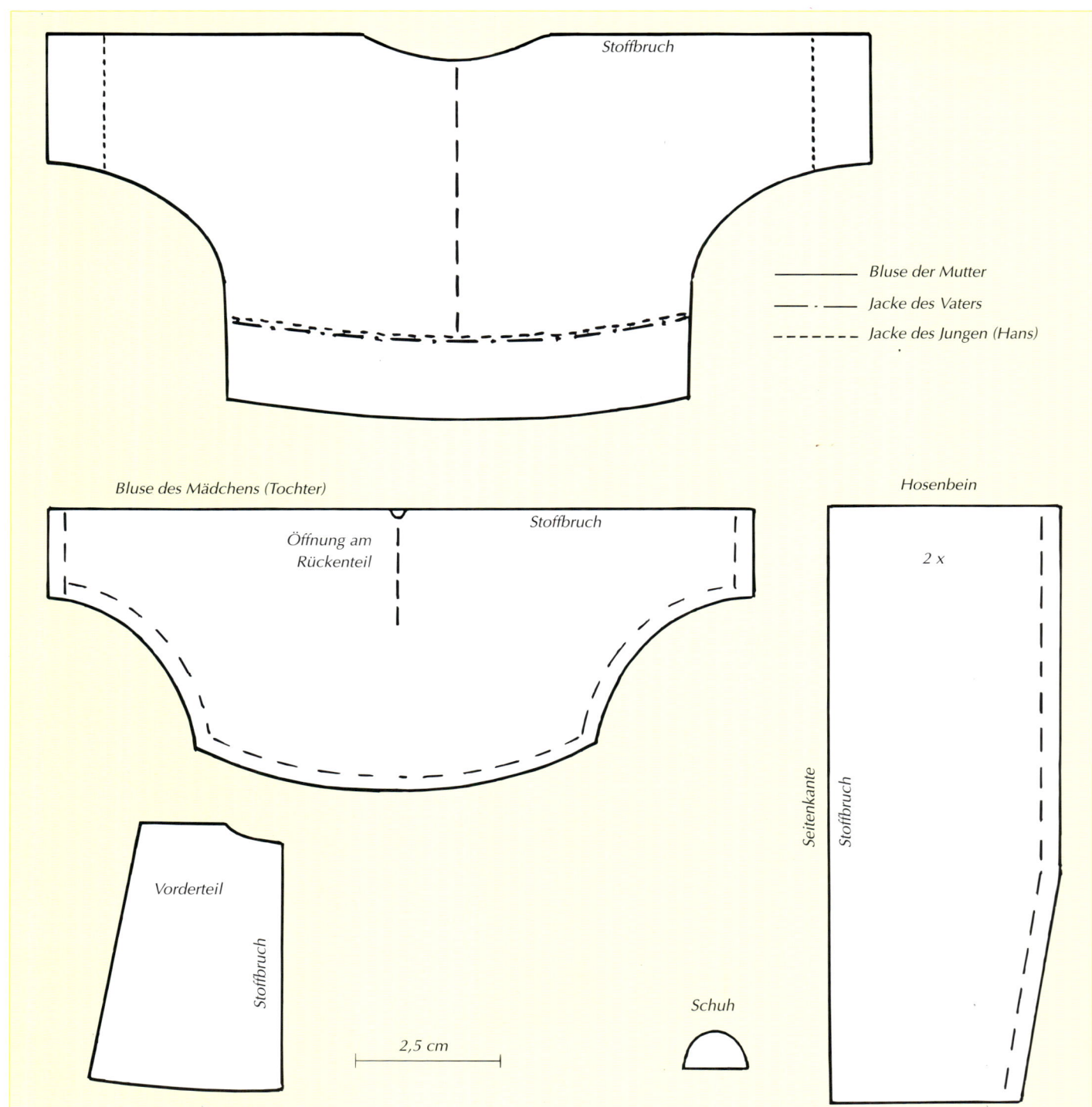

Stoffbruch

_____ Bluse der Mutter

— · — · — Jacke des Vaters

- - - - - Jacke des Jungen (Hans)

Bluse des Mädchens (Tochter)

Hosenbein

2 x

Öffnung am
Rückenteil

Stoffbruch

Seitenkante

Stoffbruch

Vorderteil

Stoffbruch

2,5 cm

Schuh

Abb. 40

zu kontrollieren, ob er auch geradesitzt, und nähen Sie ihn dann an (Abb. 37).
• Schneiden Sie nun einen Kreis aus Karton aus, der in den Zylinder passt, bekleben Sie ihn mit Stoff und nähen Sie ihn an den Stoff des Zylinders an, so dass dieser von unten geschlossen ist.

Fertigstellung:

• Die Puppen können auf unterschiedlichste Art angezogen werden. Sie tragen eine Bluse oder Jacke. Die Männer haben darunter noch ein loses Vorderteil. Das größte Schnittmuster (durchgezogene Linie) auf Abb. 40 ist für die Bluse der Mutter gedacht. Die Jacken für Vater und Sohn sind kürzer und werden an der Vorderseite aufgeschnitten. Bei dem Jungen sind die Ärmel etwas kürzer als beim Vater.
• Wenn Sie die Kleider aus Stoff nähen wollen, müssen Sie beim Ausschneiden darauf achten, dass Sie eine Nahtzugabe rund um das Schnittmuster herum stehen

lassen. Bei Filz können Sie die Teile genauso groß wie die Schnittmuster schneiden. Die Ärmel sollten ca. 1 cm länger sein als die Arme aus Pfeifenreinigern (ohne Hände), dann sitzen sie nicht so straff.
• Auf Abb. 38 ist zu sehen, wie man aus der Unterseite der Papierrolle Beine bastelt. Ein Stein in jedem Bein erhöht die Standfestigkeit. Die Hosenbeine vom Schnittmuster auf Abb. 40 reichen der Puppe vom Hals bis zu den Füßen (Abb. 38).
•Biegsame Arme kann man aus Pfeifenreinigern anfertigen. Biegen Sie die Enden um und wickeln Sie ein bisschen Schafwolle oder Watte darum. Nun ziehen Sie ein Stück Trikotstoff über diese Hände, binden ihn ab, stecken den Pfeifenreiniger in einen Kittel oder Umhang und nähen diesen hinten am Hals der Puppe fest (Abb. 37).
• Haare sind am einfachsten herzustellen, indem man ein bisschen braunes

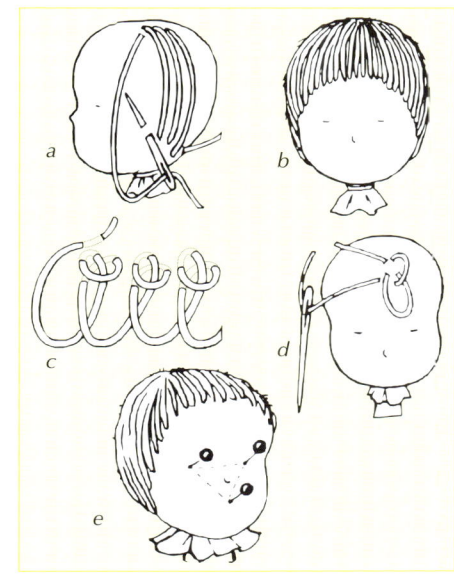

Abb. 43

Abb. 41 Mutter

Abb. 42 Hans

oder gelbes Wollvlies auf dem Kopf festnäht (Abb. 33). Man kann die Haare aber auch mit Spannstichen nähen: Zeichnen Sie den Haaransatz und den Scheitel mit Bleistift dünn auf und nähen Sie vom Haaransatz aus im Spannstich den Kopf von oben nach unten zu. Lassen Sie nur kleine Abstände zwischen den Stichen, die Sie dann bei der zweiten Runde schließen (Abb. 43a und b).
• Wenn man nun den Kopf mit Wollschleifen dicht bedeckt, bekommt man einen Krauskopf. Eventuell werden die Schlaufen aufgeschnitten (Abb. 43c und d).
• Das Gesicht malt oder näht man erst, wenn die Puppe ganz fertig ist. Am besten probiert man erst mit farbigen Stecknadeln aus, wo Augen und Mund sitzen sollen: Die Augen liegen etwa auf der Mittellinie, auch wenn das zunächst sehr tief erscheint (Abb. 43e). Nähen Sie Augen und Mund mit farbigem Garn oder malen Sie sie mit Buntstiften auf.

Einfache Marionette

▶ *Trikotstoff, Schafwolle, weiche Stoff-reste, vier Kieselsteinchen, Wolle für die Haare, einen dicken Draht, dünne Holzlatten*

• Der Kopf wird wie bei den Stehpuppen hergestellt (siehe Seite 97).
• Für die Hände wickelt man Trikotstoff um die Kieselsteine und bindet ihn ab. Für die Füße nimmt man ovale Steinchen. Nähen Sie für jeden Fuß aus einem Stück Stoff eine Art Säckchen, in das die Steine genau hineinpassen (Abb. 44).
• Wenn Sie die Marionette aus Stoff nähen wollen, müssen Sie beim Zuschneiden eine Nahtzugabe rund um das Schnittmuster herum (siehe Abb. 47) stehen lassen, die dann nach innen umgeschlagen wird, damit der Stoff nicht ausfranst. Bei Filz können Sie die Teile genauso groß wie die Schnittmuster zuschneiden.
• Der Körper besteht aus dem Oberkörper mit Armen und lockeren Beinen (siehe Schnitt auf Abb. 47). Das Oberteil mit den Armen wird aus einem zusammengefalteten Stück Stoff ausgeschnitten, wobei die Falte an der Unterseite verläuft. Nähen Sie nun die Schulternaht zu, bis auf eine Öffnung für den Kopf in der Mitte. Stecken Sie den Hals in diese Öffnung und nähen Sie den Kopf am Oberkörper fest. Die Ärmel werden vorne gefältelt und dann die Händchen hineingesteckt und festgenäht (Abb. 44).
• Schneiden Sie die Hosenbeine aus doppelt gelegtem Stoff aus, nähen Sie die inneren Seitennähte zu und verbinden Sie die Hosenbeine oben, so dass eine Hose entsteht. Nun fälteln Sie den Stoff in der Taille, knicken ihn nach innen und nähen die Beine an den Oberkörper an. Jetzt die Hosenbeine unten fälteln, die Füße hineinstecken und annähen (Abb. 44).
• Der Körper der Marionette wird nicht gefüllt, damit sie so beweglich wie möglich ist.

Abb. 44

Abb. 45

Abb. 46

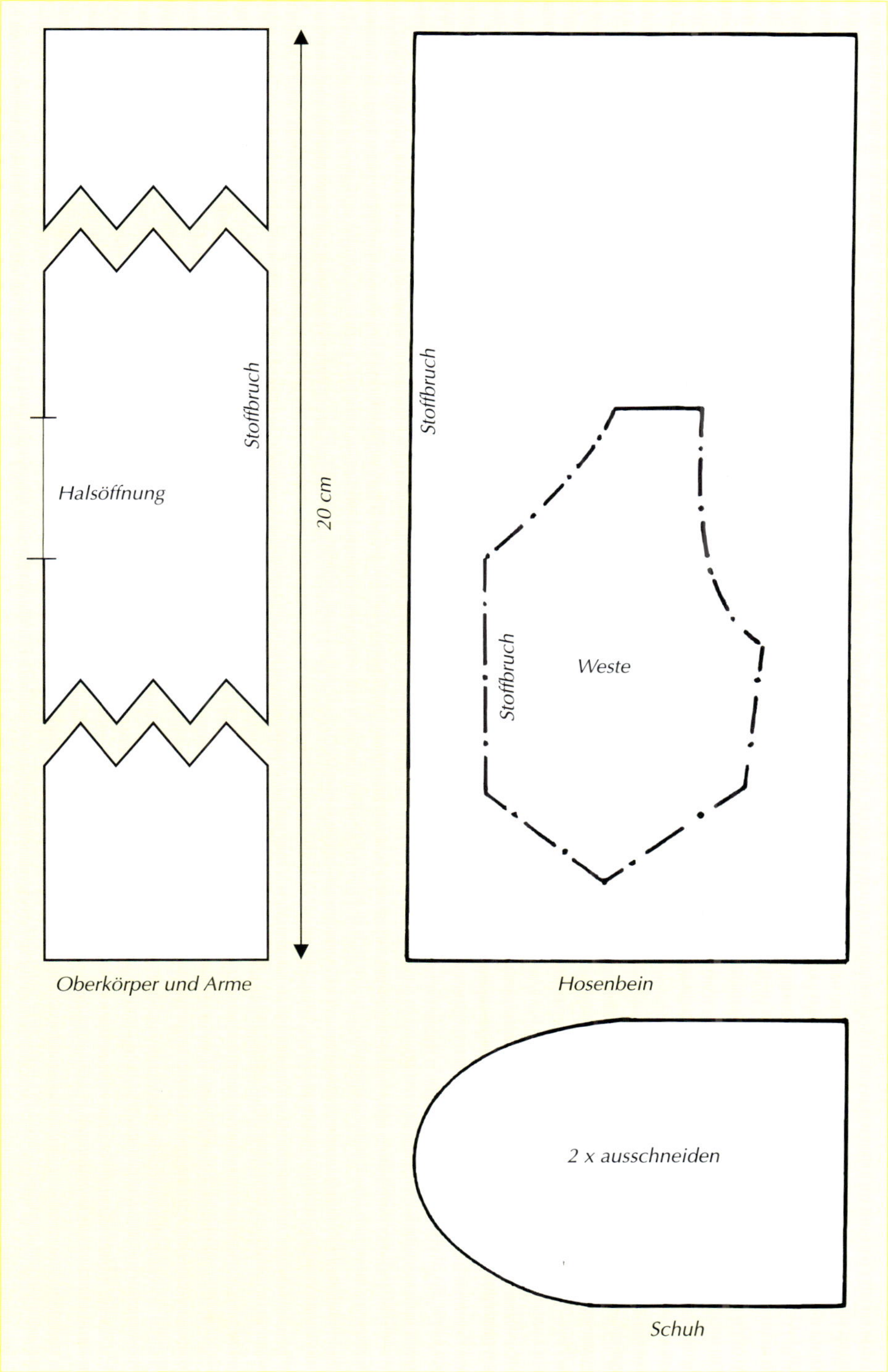

Das Lattenkreuz

- Eine einfache Marionette ist mit drei Fäden an einem Lattenkreuz befestigt. Ein Faden verbindet das Lattenkreuz mit dem höchsten Punkt des Kopfes; die beiden Hände sind an einem Faden befestigt, der durch eine Öse am vorderen Ende des Längsholzes geführt wird (Abb. 45 und 46). Laufen kann die Marionette dadurch, dass man sie immer ein bisschen hochhebt und einen kleinen Sprung machen lässt.

- Natürlich kann man alle Gliedmaßen unabhängig voneinander bewegen, aber das ist schwierig und erfordert einige Übung. Man braucht dann beide Hände und muss auch mit einzelnen Fingern arbeiten. Wenn Sie wollen, dass Ihre Marionette richtig laufen kann, müssen Sie mit fünf Fäden arbeiten. Der Kopf wird dann mit dem hinteren Ende des Längsholzes verbunden, die Knie mit den beiden Enden des Querholzes und die Hände wie bei der einfacheren Version mit dem vorderen Ende des Längsholzes (Abb. 48). Der Riese auf Seite 18 wurde auf diese Weise hergestellt.

Stoffbruch

Halsöffnung

20 cm

Oberkörper und Arme

Stoffbruch

Stoffbruch

Weste

Hosenbein

2 x ausschneiden

Schuh

Abb. 47

Abb. 48

Die klassische Kasperlepuppe

▶ *dünner Karton, Pappmaché aus Toilettenpapier, Leim, eventuell feines Schmirgelpapier, Stoffreste und Filz*

• Echte Kasperlepuppen haben sehr charakteristische Gesichter. Man kann sie gut aus Pappmaché herstellen. Es gibt aber inzwischen auch eine spezielle Knetmasse zu kaufen. Für einen Kopf braucht man ca. 100 ml Leim. Es empfiehlt sich, nicht mehr als zwei Köpfe auf einmal zu machen.
• Man reißt das Toilettenpapier in kleine Schnipsel und rührt sie unter den Leim, bis eine knetbare Masse entsteht.
• Aus dünnem Karton bastelt man einen Zylinder von 2,5 cm Durchmesser und 6 cm Höhe. Um diesen packt man das Pappmaché und formt einen runden Kopf mit einem Hals, der unten einen breiten Rand hat (Abb. 50a und b).
• Formen Sie die Gesichtszüge stark übertrieben aus. Auf den Abb. 50c und d ist das fröhliche Gesicht vom Kasperle und das griesgrämige seiner Frau Gretel zu sehen.
• Nun muss der Kopf gut trocknen, erst dann kann man ihn mit feinem Sandpapier glattschmirgeln (siehe den Kopf vom Kasperle auf Abb. 49).
• Bemalen Sie dann das Gesicht.
• Die Hände werden dem Schnittmuster (Abb. 51) entsprechend ausgeschnitten und vorne und an den Seiten zugenäht.
• Kleid bzw. Mantel, Kragen und Mütze werden aus doppelt gelegtem Stoff ausgeschnitten (Abb. 51), rechts auf rechts gelegt und knappkantig versäubert und zusammengenäht. Wenden Sie dann das Kleid mit der rechten Seite nach außen und nähen Sie die Hände an.
• Der Kopf wird in die Halsöffnung gesteckt und fest angenäht. Der Kragen muss an der Innenseite gefältelt und danach am Kleid festgenäht werden. Mit Knöpfen, Borten o.Ä. können Sie das Kasperle dann noch ein bisschen verschönern. Für das Häubchen von Gretel schneiden Sie ein kreisförmiges Stück Stoff aus (eventuell mit einer Zickzackschere), ziehen 15 mm vom Rand entfernt einen Faden hindurch und kräuseln den Stoff.

Abb. 49

Abb. 50   a   b   c   d

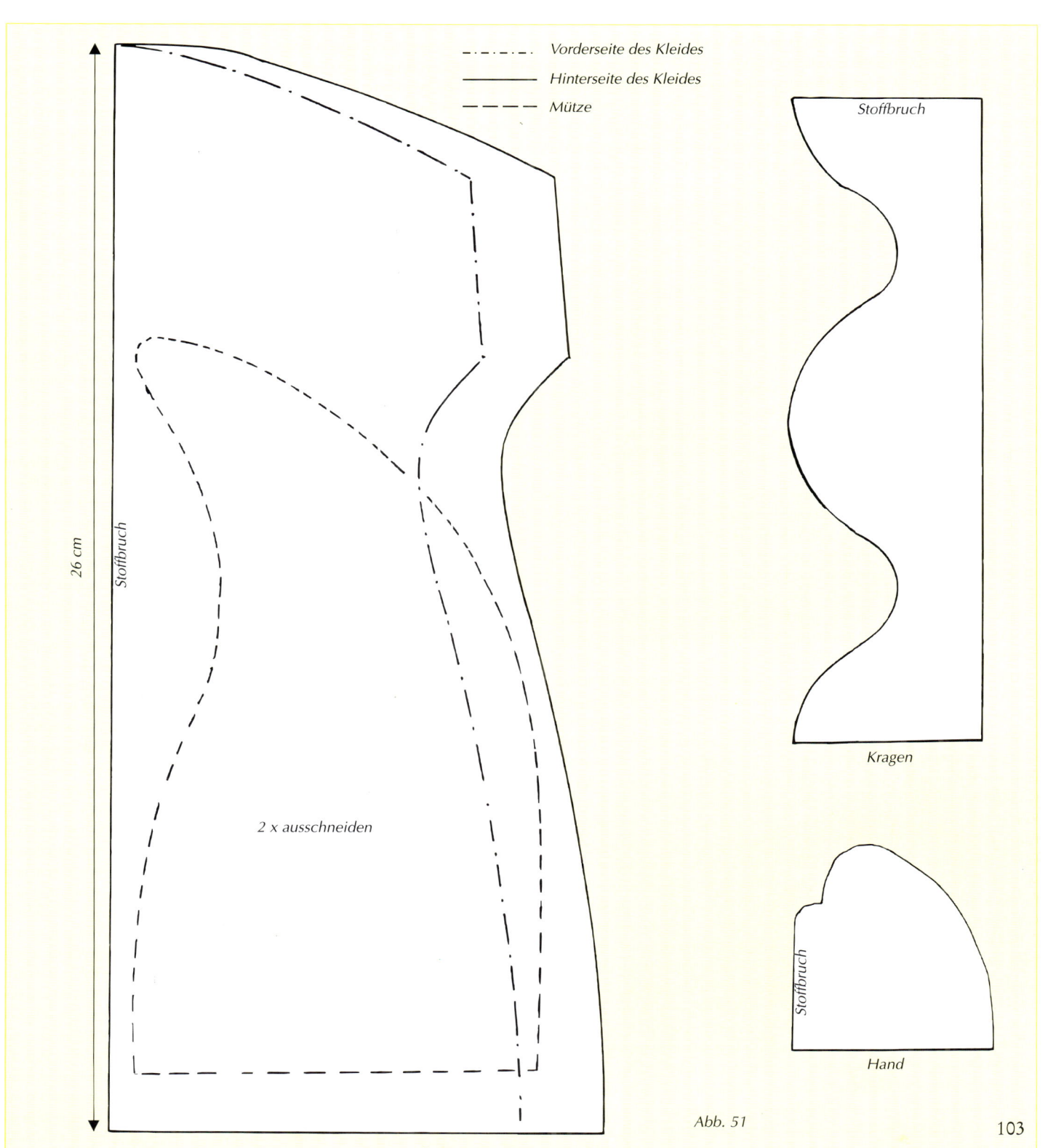

- — · — · — Vorderseite des Kleides
- ———— Hinterseite des Kleides
- — — — Mütze

26 cm

Stoffbruch

2 x ausschneiden

Stoffbruch

Kragen

Stoffbruch

Hand

Abb. 51

103

Abb. 52

Die Puppenbühne

• Bei einer Puppenbühne können die Zuschauer nur die Puppen sehen, aber nicht die Puppenspieler.

• Für die einfachste Form einer Puppenbühne spannt man ein Tuch zwischen die beiden Pfosten einer Tür. Es muss den Spieler, der dahinter sitzt, vollständig verdecken. Ein zweites Tuch hängt hinter dem Spieler und dient als Kulisse (siehe Abb. 52).

• Eine kleine Puppenbühne kann man aus einem großen, festen Karton basteln: Man schneidet eine Bühnenöffnung in die vordere Fläche und hat dann eine Bühne mit zwei Seitenwänden (Abb. 53), die man außen schön anmalen kann. Abb. 54 zeigt, wie man das Bühnenbild aufhängen kann, indem man die Seitenwände des Kartons einkerbt. Hängen Sie an beiden Seiten der Bühne Vorhänge auf.

• Einen Bücher- oder Spielzeugschrank im Kinderzimmer kann man ebenfalls zu einer Bühne umfunktionieren, indem man ein rechteckiges Loch in die Rückwand sägt und einen Vorhang als Kulisse aufhängt. Wenn man nun Kasperltheater spielen will, räumt man den Schrank so weit als nötig aus und dreht ihn um, so dass die Rückwand mit der Bühnenöffnung zum Publikum zeigt. Für Vorhänge, die man öffnen kann, benötigt man eine Vorhangschiene.

• Für alle beschriebenen Puppenbühnen kann man Kulissen malen.

• Natürlich können Sie auch eine Puppenbühne aus Holz bauen. Auch hierfür gilt: Beschaffen Sie sich z.B. in der Bibliothek ein Buch mit einer ausführlichen Anleitung.

Abb. 53

Abb. 54

11. Rezepte

Getränke

Apfelpunsch

(6 bis 8 Gläser)

Ein aromatisches warmes Getränk, das eher für ältere Kinder geeignet ist. Für die Kleineren kann man es mit Wasser verdünnen und 1 TL Honig dazugeben.

– 250 ml kaltes Wasser
– 1 Zimtstange
– 3 Nelken
– Schale einer Zitrone und einer Orange
– 1 l Apfelsaft

• Alle Zutaten bis auf den Apfelsaft in einem großen Topf fast zum Kochen bringen. Den Deckel darauflegen und bei schwacher Hitze ziehen lassen (nicht mehr kochen).
• Nach einer Viertelstunde den Herd abschalten und den Punsch noch einmal ziehen lassen.
• Absieben, den Punsch wieder in den Topf geben und Apfelsaft dazuschütten.
• Erwärmen Sie den Punsch unter Umrühren noch einmal auf Trinktemperatur und schmecken Sie ihn eventuell mit Orangen- oder Zitronensaft ab.

Festlicher Schokoladentrunk

(warm oder kalt, 1 Liter)

Die im Handel erhältliche Schokoladenmilch wird meist sehr stark erhitzt (ultrahoch erhitzt). Viel besser schmeckt dieses beliebte Getränk, wenn man es nach dem folgenden Rezept mit echter Schokolade und auf Trinktemperatur erwärmter Milch zubereitet.

– 2 EL Kakao
– 200 ml kaltes Wasser
– 2 TL Speisestärke
– ¼ Vanillestange (längs aufgeschnitten)
– etwas Sirup oder Zucker

– 2 Riegel (40 gr) Schokolade, in Stückchen gebrochen

– ca. 700 ml Milch
– ca. 200 ml geschlagene Sahne

• Kakaopulver und Stärke mit dem Wasser verrühren, Vanillestange und Zucker zugeben und das Ganze zum Kochen bringen.
• Einige Sekunden kochen, dann vom Herd nehmen und die Schokolade darin schmelzen.
• Nun die Milch dazugeben und alles bis auf Trinktemperatur abkühlen lassen.
• Die Vanillestange herausnehmen, den Kakao in Tassen füllen und ein Häubchen aus geschlagener Sahne daraufsetzen.
• Zum Schluss geriebene Schokolade oder Kakaopulver darüberstreuen.

Milchshake

(5 bis 6 Gläser)

Viele herkömmliche Rezepte sind mit Eis gemacht, aber die Kinder sagen dann oft, es sei schade um das Eis – sie essen es lieber so. Aus dieser Erfahrung ist das folgende Rezept entstanden. Wer den Shake trotzdem gerne etwas dickflüssiger mag, kann eine halbe pürierte Banane dazugeben.

Nehmen Sie entweder:
○ ca. 400 gr sehr reife Erdbeeren, in Stücke geschnitten
○ oder ca. 250 gr reife Himbeeren

○ oder 2 sehr reife Bananen, in Stückchen geschnitten
○ oder 1 mehligen Apfel (oder 1 reife Birne) und 1 Banane, in Stückchen geschnitten
○ oder in Dosen eingemachte Aprikosen oder Pfirsiche, Kirschen oder Pflaumen (entkernt und eventuell enthäutet)
○ oder ca. 500 gr frische Aprikosen, Pfirsiche, Kirschen oder Pflaumen (entkernt und enthäutet)

– 1-2 EL flüssiger Honig (bei Bananen weniger, bei sauren Früchten mehr, bei eingemachten Früchten keinen)
– 1 l Milch, bei Dosenobst Sauermilch

• Man püriert das klein geschnittene Obst mit dem Honig und wenn nötig etwas Wasser (oder Saft aus der Dose) ganz fein. Sie können das Obst auch schon vor dem Fest vorbereiten, es püriert ein paar Stunden im Kühlschrank aufbewahren und dann kurz vor dem Servieren die Milch unterrühren.
• Verzieren Sie die Shakes mit Obst oder einzelnen Blättchen Zitronenmelisse oder Pfefferminze und servieren Sie sie mit einer Waffel oder einem Keks.

Shake für die schlanke Linie oder stramme Jungs

Das Obst (siehe voriges Rezept) wird durch 2 EL frische Gartenkräuter ersetzt: (wenig) Schnittlauch, Dill, (viel) Kerbel, Zitronenmelisse. Anstatt Honig nimmt man 1-2 EL Zitronen- oder 50 ml Orangensaft und eventuell etwas Salz.

Shake ohne Milch

Pro Glas verrührt man einen EL (weißes) Mandelmus mit etwas warmem Wasser, verlängert dann das Ganze mit kaltem Wasser auf 200 ml und verwendet diese Mandelmilch anstelle von Kuhmilch für die oben angeführten Shakes.

Waldfrüchtetee
(ca. 1 Liter)

Ein wärmendes und doch erfrischendes Getränk mit Fruchtstückchen darin. Man kann es gut in der Thermoskanne eine Weile ziehen lassen, er wird nur noch besser dadurch. Im Sommer schmeckt er auch kalt sehr gut (siehe Tip 1).

- 3/4 l Wasser
- 1/2 Zimtstange
- Schale von einer Zitrone oder Orange
- Schale und Kerngehäuse eines aromatischen Apfels
- 2 EL Rosinen oder 4 getrocknete, klein geschnittene Aprikosen
- Saft einer Orange oder einer halben Zitrone
- 1 geschälter Apfel, in kleine Würfel geschnitten (Seitenlänge ca. 1/2 cm)
- Zucker oder Honig nach Bedarf

• Wasser mit Zimt, den Schalen und dem Kerngehäuse langsam zum Kochen bringen und eine Viertelstunde bei schwacher Hitze köcheln lassen.
• In der Zwischenzeit gibt man alle anderen Zutaten in eine Kanne und siebt das Gekochte darüber.
• Mindestens 5 Minuten ziehen lassen.
• Schenken Sie den Tee in große Tassen und geben Sie nach Wunsch noch einige Fruchtstücke dazu.
• Süßen Sie ihn nach Bedarf. (Mit Honig sollte man erst süßen, wenn der Tee nicht mehr so heiß ist.)

Variation:
Bei älteren Kindern kann man den Zimt durch 2-3 Scheibchen Ingwerwurzel ersetzen.

Tips:
- Wenn der Tee im Sommer kalt getrunken wird, kann man den Apfel durch einen reifen Pfirsich ersetzen (geschält), Zitrone dazugeben und mit Honig süßen. Die Gewürze werden dann in nur 1/4 l Wasser gekocht und die Rosinen schon vor dem Kochen dazugegeben – dann mit kaltem Wasser auffüllen.
- Bei einer Beerenflut im Garten kann man Beerenästchen über den Rand der Gläser hängen oder die Rosinen durch rote Johannisbeeren ersetzen; dann muss aber stärker gesüßt werden.

Früchtebowle
(ca. 2 Liter = 16 Gläser)

Eine Sommerbowle in schönen Farben.

- 500-750 gr reife Erdbeeren, in Scheiben geschnitten
- Saft und Schale von einer Zitrone
- ca. 1/2 l (Mineral)wasser
- 200 gr schwarze Johannisbeeren oder Brombeeren
- 3 EL flüssiger Honig
- 300 ml Apfelsaft

- Wasser
- frische Blättchen Zitronenmelisse oder Minze

• Die Erdbeeren mit der Schale und dem Saft einer Zitrone in 1/2 l Wasser geben und zugedeckt mindestens 2 Stunden stehen lassen.
• Zusammen mit den Johannis- bzw. Brombeeren, dem Honig und dem Apfelsaft lässt man die Bowle noch einmal eine halbe Stunde stehen.

• Kurz vor dem Servieren gibt man nach Bedarf Wasser dazu und lässt einige grüne Blättchen auf der Bowle schwimmen.

Variationen:
Erdbeeren durch einige Stückchen süße Melone, geschälte Orangen- oder Mandarinenschnitze, Stückchen von reifen Pfirsichen oder Birnen ersetzen und anstelle der schwarzen Beeren kleine rote Trauben, statt Apfelsaft Traubensaft, Pfefferminz- oder Lindenblütentee verwenden.

Hagebuttenlimonade
(10 Gläser)

Frisch-fruchtig und durstlöschend.

- 1 Zitrone, unter warmem Wasser gewaschen
- 3-4 Beutel Hagebuttentee
- 1/2 l kochendes Wasser

- 1 l Beerensaft
- 1 l Mineralwasser
- Saft von 1/2 Zitrone, gesiebt

• Die Teebeutel und die Schale der Zitrone in einen hitzebeständigen Krug geben und das kochende Wasser darübergießen. Zugedeckt abkühlen lassen.
• Teebeutel und Schale herausnehmen und Saft und Wasser mit dem Tee vermischen. Mit Zitronensaft abschmecken.
• Dieses Getränk muss gut gekühlt serviert werden. Lassen Sie ein Blütenblatt von einem Hundsröschen darauf schwimmen oder stecken Sie eine Scheibe Zitrone auf den Rand des Glases.

Gebilde- und Festbrote

Feiner Brotteig für Gebilde- und Festbrote

(ca. 800 gr)

Mit diesem Grundrezept können Sie den Teig für alle folgenden Festbrote und Brotfiguren zubereiten.

- 500 gr Weizenmehl
- 1/2 EL Hefe, in
- 250 ml lauwarmer Milch (max. 40 °C) aufgelöst
- 50 gr Butter
- knapp 1/2 TL Salz
- 1/2 Eigelb, mit 1 EL Kondensmilch verrührt

• Man schüttet das Mehl in eine Backschüssel, drückt eine Vertiefung in die Mitte, gießt die in einer Tasse lauwarmer Milch aufgelöste Hefe hinein, rührt etwas Mehl darunter und lässt den Vorteig ca. 20 Minuten zugedeckt an einem warmen Ort (z.B. über einer Heizung oder im Wasserbad) stehen.
• Dann schneidet man die Butter in kleine Stückchen, legt sie auf den Vorteig, streut Salz darüber und verknetet alles mit der restlichen Milch zu einem Teig.
• Stellen Sie die Schüssel zum Gehen zugedeckt an einen warmen Ort (ca. 1 Stunde).

• Hat sich das Volumen verdoppelt, knetet man alles noch einmal gut durch, bis der Teig geschmeidig ist.
• Lassen Sie ihn eventuell vor dem Formen noch ein Weilchen im Kühlschrank ruhen.
• Anschließend streut man etwas Mehl auf den Tisch und formt den Teig (siehe die folgenden Anleitungen).
• Während der Ofen vorgeheizt wird, lässt man ihn ca. 1/2 Stunde bei Zimmertemperatur stehen, bestreicht ihn dann mit Eigelb und verziert ihn nach Belieben.
Backen: Wenn nicht anders angegeben auf mittlerer Schiene ca. 20 Minuten bei 200 °C.

Das Gebäck bleibt 2-3 Tage frisch und kann am Festtag auch gut aufgebacken werden (200 °C; Brot 15-20 Minuten, Brötchen ca. 5 Minuten).

Hüpfende Brothäschen

(16 Stück)

Diese Brötchen eignen sich besonders für kleine Kinder. Sie sind ein nettes Mitbringsel für die Schulklasse, aber man kann sie auch gut zu Salat oder einer Suppe reichen.

- 800 gr feiner Brotteig (siehe voriges Rezept)
- Sonnenblumen- oder Apfelkerne für die Augen

• Man macht eine Teigrolle, schneidet zwei Drittel davon ab und teilt diese in 16 Stücke, die jeweils zu einer Rolle von 8-10 cm geformt und dann an beiden Enden 2-3 cm eingeschnitten werden (= Körper mit Pfoten).
• Man legt sie in einem Abstand von gut 2 cm mit nicht zu weit gespreizten Pfötchen auf das Backblech.
• Der Rest des Teiges wird ebenfalls in 16 Teile geschnitten, die man zu haselnussgroßen Kügelchen (= Schwanz) und zu kleinen Eiern formt, die an einem Ende bis zur Hälfte eingeschnitten werden (Kopf mit Ohren).
• Kopf und Schwänzchen werden mit Eiweiß an den Körper geklebt.
• Die Tiere werden mit Eigelb eingepinselt, dann sticht man mit einem spitzen Messer zwei kleine Löcher für die Augen in den Kopf und steckt je einen Sonnenblumenkern hinein.
Geh- und Backzeit: nach dem Formen ca. 1/2 Stunde gehen lassen; bei 200° C ca. 20 Minuten auf der mittleren Schiene backen.

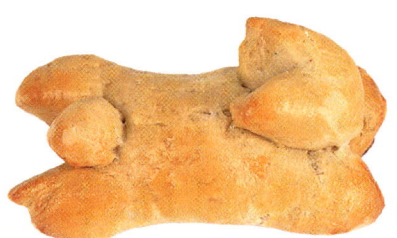

Brotpüppchen
(8 Stück von ca. 12 cm Länge)

– 800 gr feiner Brotteig (siehe Seite 107)
– Rosinen, Stückchen von getrockneten Aprikosen, Sonnenblumen- oder Kürbiskerne, Sesamsamen und / oder Süßigkeiten zum Verzieren

• Legen Sie vor dem Backen Pappstreifen mit dem Namen des »Künstlers« neben die Figuren, denn hinterher sind sie mitunter nicht wieder zu erkennen.
• Man formt eine Kugel aus dem Teig und schneidet ein Stückchen davon ab (für die Verzierung der Figuren).
• Den restlichen Teig zerteilt man in 8 Stücke, die zu länglichen Rechtecken geformt werden.
• Das obere Ende knetet man nun zu einem Kopf und die Seiten schneidet man für die Arme zweimal schräg ein. Am unteren Ende wird das Rechteck für die Beine eingeschnitten.
• Dann formt man Jungen oder Mädchen daraus. Aus dem zurückbehaltenen Teig kann man Mützen, Haare, Zöpfe und Gürtel kneten. Man »klebt« diese Verzierungen an, indem man sie an der Verbindungsfläche mit einem nassen Finger leicht befeuchtet und festdrückt. Für die Haare können Sie die Köpfe auch mit Sesamsamen bestreuen.
• Nun legt man die Figuren aufs Backblech (Mindestabstand 3 cm). Wenn die Arme und Beine sehr dünn sind, sollte man sie an den Körper anlegen, sonst werden sie beim Backen so hart.
Geh- und Backzeit: nach dem Formen ca. $1/2$ Stunde gehen lassen; bei 200° C ca. 20 Minuten auf der mittleren Schiene backen.

Buchstabenbrot

– 800 gr feiner Brotteig (siehe Seite 107)
– Sonnenblumenkerne oder Sesamsamen
– Trockenfrüchte, geschälte Mandeln

• Formen Sie aus einer Teigrolle von ca. 3 cm Durchmesser auf einem eingefetteten Backblech einen Buchstaben oder eine Zahl. Für eckige Buchstaben schneidet man die Enden der Teigstücke keilförmig zu und legt die Schnittkanten aneinander.
• Bestreichen Sie den Teig mit Eigelb und bestreuen Sie ihn mit Sesamsamen oder Sonnenblumenkernen.
• Nach dem Backen kann man das Brot noch mit kleinen Stückchen von getrockneten Früchten oder geschälten Mandeln verzieren, die man mit einer Mischung aus Mehl und kaltem Wasser festklebt.

Geh- und Backzeit: nach dem Formen ca. $1/2$ Stunde gehen lassen; bei 200° C ca. 20 Minuten auf der mittleren Schiene backen.

Sonnenblumen-Partybrot

– 1200 gr feiner Brotteig (siehe Seite 107)
– Sonnenblumenkerne, Eigelb

• Aus einem Drittel des gegangenen Teiges formt man eine Kugel und drückt sie dann auf einem eingefetteten Backblech zu einer dicken Scheibe von ca. 16 cm Durchmesser flach.
• Der Rest des Teiges wird in 16 Teile geschnitten und zu Blütenblättern geformt, die an einem Ende spitz zulaufen. Die runde Seite drückt man an den Rand des Mittelstücks. Lassen Sie das Brot nun an einem warmen Ort gehen, bis es sein Volumen verdoppelt hat.
• Bestreichen Sie den Teig mit verrührtem Eigelb und bestreuen Sie das Mittelstück dicht mit Sonnenblumenkernen.
Backen: 45 Minuten bei 180 °C.

Imbiss

Sandwiches
(16 Stück à 8 x 8 cm)

– 1 Weißbrot (geschnitten)
– 1 Schwarzbrot (geschnitten)
– Ausstechförmchen

Rote Füllung:
– 100 ml Mayonnaise
– 1 EL Tomatenmark
– 3 Packungen Lachs (ca. 600 gr) oder
  frischer Lachs, selbst pochiert und
  sorgfältig entgrätet
– 1 Schälchen Kresseblätter (ohne Stiele)

Gelbe Füllung:
– 100 ml Mayonnaise
– 1 TL Kurkuma (Gelbwurzel) oder
  Curry
– 6 hart gekochte Eier
– 3 kleine saure Gurken

• Man schneidet die Rinde von den
Brotscheiben, so dass sie alle gleich groß
sind.

• Dann werden mit den Ausstechformen jeweils acht Figuren aus dem
weißen und dem dunklen Brot ausge-
stochen.
• Für die *rote Füllung* vermischt man die
Mayonnaise mit dem Tomatenmark,
drückt den Lachs mit einer Gabel klein
und rührt ihn zusammen mit der Kresse
unter.
• Für die *gelbe Füllung* verrührt man die
Mayonnaise mit Curry, schneidet die Eier
in Stücke und drückt sie mit einer Gabel
so klein wie möglich. Nun würfelt man
die sauren Gurken in winzige Stücke
und mischt alles unter die Mayonnaise.
• Bestreichen Sie nun die *nicht* ausge-
stochenen weißen Brotscheiben mit dem
roten Aufstrich, die dunklen mit dem
gelben, legen Sie dann jeweils ein
ausgestochenes Stück Brot darauf und
drücken Sie dieses ein bisschen fest.

Gemüserolle
(12 Scheiben von ca. 5 cm Durchmesser)

Dieses knusprige gefüllte Brot können
Sie so würzig machen, wie die Kinder es
mögen. Am besten schmeckt es frisch
aus dem Ofen, aber auch kalt oder
wieder aufgebacken ist es ein Genuss.

– 300 gr feiner Brotteig (siehe Seite 107)

– 1/4 EL Butter oder Öl
– 1 Messerspitze Kümmel
– 1 fein gewürfelte kleine Zwiebel oder
  Schalotte

– 1 Stange Bleichsellerie, in 2 mm
  dünne Scheibchen geschnitten
– 125 gr Kürbis oder Möhren, geschält
  und fein geraspelt

- 2 EL fein gehackte Petersilie,
  Sellerieblätter, Kerbel oder andere
  frische Kräuter
- 1 TL Thymian
- 1/4 TL Salz

- 1/2 Eiweiß, mit 1 EL Wasser verquirlt
- 1/2 Eigelb, mit 1 EL Milch oder Wasser
  verrührt

- ca. 30 gr geriebener Käse oder
  Sonnenblumenkerne

• Bereiten Sie den Brotteig zu und lassen Sie ihn gehen.
• Erhitzen Sie die Butter in einer Pfanne und geben Sie dann den Kümmel und die Zwiebelwürfel hinzu.
• Wenn die Zwiebeln glasig sind, dünstet man kurz den Bleichsellerie mit, nimmt die Pfanne dann vom Herd und lässt alles eine Viertelstunde nachgaren.
• Anschließend wird das geraspelte Gemüse mit allen Kräutern untergerührt und das Ganze mit Salz abgeschmeckt.
• Wellen Sie den gegangenen Teig zu einem Rechteck von 20 x 40 cm aus, schneiden Sie die kurzen und eine lange Seite gerade und kleben Sie die Reste an die unbeschnittene Seite. Verteilen Sie dann die Füllung auf dem Teig, so dass an der geradegeschnittenen langen Seite ein Rand von 2 cm Breite bleibt. Dort wird der Teig mit Eiweiß bestrichen.
• Rollen Sie den Teig nun ohne zu drücken vorsichtig auf; beginnen Sie an der unbeschnittenen langen Seite. Legen Sie die Rolle so auf die Arbeitsfläche, dass sich die Nahtstelle unten befindet.
• Nun schneidet man die Rolle mit einem scharfen Messer in 12 Scheiben von ca. 3 cm. Diese werden im Abstand von 2 cm auf das mit Backpapier bedeckte Blech gelegt, etwas plattgedrückt und mit Eigelb bestrichen. Bestreuen Sie sie dann mit Sonnenblumenkernen. Den Käse sollten Sie erst 10 Minuten vor Ende der Backzeit über den Scheiben verteilen. Achten Sie darauf, dass er nicht braun (und damit bitter) wird.

Geh- und Backzeit: nach dem Formen ca. 1/2 Stunde gehen lassen; bei 200° C ca. 20 Minuten auf der mittleren Schiene backen.

Variationen:
- Die Gemüserolle wird herzhafter, wenn man 1 EL Senf oder 1 EL (30 gr) Tomatenmark auf den ausgewellten Teig streicht.
- Vor allem für ältere Kinder: Streuen Sie 50-75 gr gewürfelten Schinken oder Käse über die Füllung und bestreichen Sie vor dem Backen alles dick mit Eigelb, das zuvor mit dem restlichen Eiweiß verrührt wurde. (Lassen Sie bei dieser Variante den geriebenen Käse weg.)

Gemüsekuchen
(Durchmesser 24 cm)

Sommergemüse auf einem leichten Mürbteig-Boden, besonders für Kleine sehr geeignet.
Der Kuchen schmeckt sowohl warm als auch kalt und man kann ihn auch schon vor dem Fest backen und dann aufwärmen.

Teig:
- 50 gr weiche Butter
- 1/2 TL Salz
- 1 TL geriebene Ingwerwurzel oder
  3 TL geriebene Orangenschale
- 1 TL Kurkuma (Gelbwurzel, v.a. für die Farbe) oder Curry
- 2 TL Backpulver
- 50 gr geriebener Käse (alt)

- 1 großes Ei, geschlagen
- 150 gr Gersten- oder Hafermehl
- 75 ml Schlagsahne

Füllung:
- 1 kleine Zucchini (ca. 300 gr), der Länge nach in dünne Scheiben geschnitten
- 1 Stange Lauch (ca. 75 gr), in dünne Ringe geschnitten (nur die weißen und hellgrünen Teile verwenden)
- 2-3 Riesenchampignons (50-75 gr), längs in 2 mm dünne Scheiben geschnitten
- 1 TL Salbei
- 1/2 EL Thymian
- 1/2 TL Salz
- 2-3 Fleischtomaten (ca. 300 gr), in 5 mm dicke Scheiben geschnitten

- ca. 50 gr Maasdamer, Leerdamer oder Schweizer Käse, in dünne Streifen geschnitten
- Kuchenform von 24-26 cm Durchmesser, der Rand eingefettet, der Boden mit Backpapier belegt

• Rühren Sie die Butter in einer Teigschüssel schaumig und heben Sie die Zutaten des ersten Blocks darunter. Lassen Sie die Masse mindestens eine halbe Stunde ruhen.
• Geben Sie unter Umrühren das Ei und abwechselnd das Mehl und die Schlagsahne zu, bis ein homogener Teig entstanden ist. Verteilen Sie ihn mit nassen Händen gleichmäßig in der Backform.
• Belegen Sie den Teig mit Zucchinischeiben und geben Sie erst die Lauchringe und dann die Champignonscheiben darüber.
• Bestreuen Sie alles mit Kräutern und Salz und legen Sie zum Schluss noch die Tomatenscheiben darüber. Heizen Sie den Ofen vor.
• Legen Sie eine Aluminiumfolie über die Backform oder decken Sie sie mit einer zweiten Backform ab.
Backen: zunächst 30 Minuten bei 200 °C auf der untersten Schiene.
• Entfernen Sie nun die Folie, legen Sie die Käsestreifen sternförmig auf den Kuchen und backen Sie ihn weitere 20 Minuten, bis der Käse hellbraun zu werden beginnt.

Kleine Über-raschungen für zwischendurch

Mandelschwäne
(16 Stück)

Süßes Gebäck für eine festliche Tafel, aber auch als Mitbringsel für die Schule geeignet.

– 800 gr feiner Brotteig (siehe Seite 107); nicht zu fest zubereitet
– ca. 100 gr Marzipanrohmasse oder Mandelmus

– 1/2 Eigelb, mit 1EL Milch verrührt
– Rosinen für die Augen

• Verrühren Sie die Marzipanrohmasse bzw. das Mandelmus wenn nötig mit etwas warmem Wasser, bis eine streichfähige Masse entstanden ist.
• Man formt eine dicke Rolle aus dem Brotteig, schneidet sie in 16 Teile und lässt diese zugedeckt gehen. Nun bereitet man die Schwäne einen nach dem anderen folgendermaßen zu:
• Aus einem Teigstück formt man eine Rolle von 24-30 cm Länge und walzt zwei Drittel davon platt (4 cm breit).
• Bestreichen Sie die platte Fläche mit der Marzipan- bzw. Mandelmasse, rollen Sie das Ganze auf bis zu der Stelle, wo die Rolle wieder dick wird, und drücken Sie es vorsichtig fest.
• Nun legt man das Gebäck auf ein Backblech und formt das ungefüllte Stück zu einem Schwanenhals mit einem Schnabel. Kurz vor dem Backen bestreicht man alles mit Eigelb und sticht für die Augen kleine Löcher in den Teig, in die Rosinen gedrückt werden.

Geh- und Backzeit: nach dem Formen ca. 1/2 Stunde gehen lassen; bei 200° C ca. 20 Minuten auf der mittleren Schiene backen.

Käse-Ecken
(40 Dreiecke von 4 x 6 cm)

Herzhaftes Gebäck, als Beilage zu einem Salat oder als Zwischenmahlzeit geeignet. Man rechnet dann ca. 8 Käse-Ecken pro Kind. Sie können ohne weiteres einen Tag vorher zubereitet und vor dem Essen nur kurz aufgebacken werden (10 Minuten bei 150° C).

– 1 Packung Blätterteig (10 Platten à 12 x 12 cm)
– ca. 100 gr junger Käse, in 3 mm dicke Scheiben geschnitten
– 2 Birnen, geschält und längs in 3 mm dicke Scheiben geschnitten
– ca. 25 gr gehackte Mandeln oder Walnüsse
– 1/2 Eiweiß, mit 1 EL Wasser verrührt
– 1/2 Eigelb, mit 2 EL Kondensmilch verrührt

• Man radelt Vierecke von 6 x 6 Seitenlänge aus dem Teig. Die Käsescheiben werden in Quadrate von 4 x 4 cm Seitenlänge und dann diagonal noch einmal durchgeschnitten, so dass Dreiecke entstehen. Schneiden Sie die Birnenstücke in noch etwas kleinere Dreiecke.
• Auf die eine Teighälfte wird nun ein Käsestück gelegt (1 cm Abstand zum Rand) und ein Stück Birne darauf. Bestreuen Sie diese mit Nusssplittern.
• Die Ränder der nicht belegten Teighälfte werden nun mit Eiweiß bestrichen, der Teig über die Füllung gelegt und die Ränder mit bemehlten Fingern aufeinander gedrückt.
• Schneiden Sie die Ränder schön gerade und legen Sie die Ecken auf ein Backblech. Man sollte nicht mehr als

vier Ecken gleichzeitig füllen, weil das Eiweiß sonst eintrocknet.
• Heizen Sie den Ofen vor.
• Nun bestreicht man die Ecken mit dem Eigelb und sticht sie jeweils dreimal mit einer Gabel ein, damit sich keine Blasen bilden.
Backen: ca. 15 Minuten bei 210 °C auf der mittleren Schiene.

Bananenhörnchen
(4 Stück)

Eine süße Alternative zur Gemüserolle.

– *300 gr feiner Brotteig (siehe Seite 107), nicht zu fest*
– *4 kleine Bananen, reif, aber nicht zu weich*
– *Puderzucker*

• Man wellt den Teig zu einem flachen Rechteck aus (ca. 12 x 30 cm, höchstens 3 mm dick).
• Dann schneidet man ihn der Länge nach in vier Streifen.
• Damit umwickelt man die geschälten Bananen so, dass der Teig immer ein bisschen überlappt (wie bei einem Verband). Die Bananen müssen ganz eingepackt sein.
• Auf dem Backblech lässt man sie noch ein bisschen gehen, während der Ofen vorgeheizt wird.
Backen: bei 210 °C ca. 12 Minuten auf der unteren Schiene.
• Die Bananenhörnchen auf einem Gitter abkühlen lassen und kurz vor dem Servieren mit Puderzucker bestäuben. Sie sollten frisch gegessen werden.

Maikäfer und Bienen
(ca. 25 Stück)

Eine besonders nette Leckerei, die die Kinder gut selbst machen können.

Für die Bienen:
– *ca. 100 gr Marzipanrohmasse oder Mandelmus, eventuell mit etwas Kurkuma eingefärbt*
– *ca. 20 gr (25 Stück) Mandeln, geschält, mit einem scharfen Messer halbiert*

Für die Maikäfer:
– *ca. 150 gr Marzipanrohmasse oder Mandelmus*

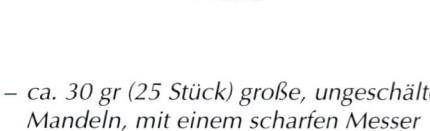

– *ca. 30 gr (25 Stück) große, ungeschälte Mandeln, mit einem scharfen Messer halbiert*

• Kneten Sie aus der Marzipanrohmasse eine Rolle und schneiden Sie diese für die Bienen in kleine, für die Käfer in etwas größere Stückchen.
• Formen Sie Leiber daraus und stecken Sie als Flügel an beiden Seiten die Mandelhälften hinein.

Mandelhäufchen
(ca. 20 Stück)

– *100 gr Schokolade (Vollmilch- oder Zartbitterschokolade)*
– *ein haselnussgroßes Stück Butter (5 gr)*

– *100 gr geröstete Mandelstifte (schneiden Sie eventuell geschälte Mandeln der Länge nach in 3 mm dicke Stäbchen und rösten Sie diese ca. 20 Minuten auf einem trockenen Backblech bei 200°C im Ofen)*
– *Backpapier*

• Man bricht die Schokolade in kleine Stücke, gibt sie in eine Schüssel und erwärmt sie im Wasserbad, bis sie zu einer homogenen Masse geworden ist. Dann rührt man die Butter unter.

• Geben Sie die Mandelstifte zu, solange die Schokolade noch warm ist, und rühren Sie sie unter.

• Setzen Sie walnussgroße Häufchen mit zwei Teelöffeln auf das Backpapier, lassen Sie diese an einem luftigen Ort trocknen und bewahren Sie sie in einer gut verschließbaren Dose auf. Nicht zu lange aufheben, sonst werden die Mandeln weich.

Variation:

Anstatt Mandeln können Sie geröstete Haselnüsse verwenden, die in einer Plastiktüte mit dem Wellholz zerkleinert wurden, oder 50 gr Cornflakes.

Sesamhäufchen
(ca. 250 gr, 30 Stück)

Die Sesamhäufchen sind süß und sehr lecker. In einer gut verschließbaren Dose kann man sie wochenlang aufbewahren.

– 1 EL Sonnenblumenöl
– 100 gr Mandelplättchen (oder quer in 2 mm dünne Scheiben geschnittene Mandeln)
– 125 gr Sesamsamen

– 80 gr Honig
– ein Backbrett, dünn mit Öl bestrichen

• Erwärmen Sie das Öl mit den Mandeln in einem Topf und rühren Sie dabei immer wieder um. Sobald die Mandelstückchen sich verfärben, gibt man die Sesamsamen zu.

• Wenn die Samen zu springen und zu duften anfangen, gibt man den Honig dazu und achtet darauf, dass die Masse nicht zu dunkel wird, denn dann schmeckt sie bitter.

• Sobald sie sich goldbraun verfärbt, nimmt man den Topf vom Feuer und stellt ihn in ein heißes Wasserbad.

• Mit zwei Teelöffeln setzt man von der noch heißen Masse 10 kleine Häufchen auf das Backbrett. Man sollte schnell arbeiten. Es macht nichts, wenn die Häufchen zunächst auseinander fallen. Solange sie noch warm sind, kann man sie den Fingern zu festen Häufchen formen. Nacheinander immer 10 Häufchen auf diese Weise bearbeiten.

Süße Spieße

Diese Spieße können zwischendurch gereicht werden, um die Kinder etwas zur Ruhe kommen zu lassen. Wenn man Äpfel und Bananen verwendet, sollten sie erst eine Stunde, bevor sie verzehrt werden, zubereitet werden, sonst auch früher.

Auf einem Teller mit einem Haferkeks am Rand angerichtet und mit einem Getränk (z.B. einem Milchshake) gereicht, sind die Spieße eine richtige kleine Mahlzeit.

• Auf Schaschlikspieße werden in einer farblich gefälligen Reihenfolge frische und süße Leckereien gesteckt.

Beispiele:
– Würfel aus Honigkuchen
– Würfel aus Rührkuchen (kleben Sie zwei Scheiben Rührkuchen mit einer Masse aus Quark und Nussmus zusammen und schneiden Sie diese in Würfel)
– Marzipankugeln, eventuell in Mandel- oder Kokosraspeln gewälzt
– Frischkäsebällchen, in zerkrümelten Cornflakes gewälzt
– Apfelstücke und / oder dicke Bananenscheiben, in Zitronensaft gewendet
– Mandarinenstückchen
– Ananasstücke
– Melonenstücke
– dicke Scheiben geschälte Kiwi
– Würfel aus jungem Käse
– Salatgurken-Scheiben
– Partytomaten

Mühlen
(9 Stück, ca. 10 x 10 cm groß)

Dieses Gebäck schmeckt frisch aus dem Ofen am leckersten!

– 1 Packung Blätterteig (10 Platten)
– 3 EL (10 gr) fein gemahlene Haselnüsse, Mandeln oder Kokosraspel
– 9 kleine Pflaumenhälften oder dicke
  Kiwischeiben oder 50 gr Marmelade
– 1 Eigelb, mit 2 EL Milch verrührt

• Man legt die Teigplatten dicht neben-
einander auf ein mit Wasser abgespültes
Backblech (sie werden beim Backen
kleiner). Ein Stück zurückbehalten.
• Nun bestreicht man alle Teigstücke mit
Eigelb und schneidet sie von allen Ecken
aus diagonal 7 cm zur Mitte hin ein.
• In die Mitte streut man etwas von den
Nüssen und legt ein Stück Obst darauf.
• Dann klappt man jede zweite Ecke
nach innen und klebt sie mit Eigelb fest.

• Stechen Sie aus dem zurückbehalte-
nen Teigstück 9 Kreise aus und kleben
Sie diese in der Mitte der Mühlen fest.
• Zum Schluss bestreicht man alles noch
einmal mit Eigelb.
Backen: ca. 20 Minuten auf mittlerer
Schiene bei 200 °C.

Süße und herzhafte Käse-
schmetterlinge
(12 Stück)

Dieses Minigebäck lässt sich in Windeseile herstellen. Es schmeckt am besten,
solange es noch knusprig ist.

– kleine runde Biskuit- oder Butterkekse
– 100 gr fester Frischkäse
– Anissamen

• Schneiden Sie 12 Kekse vorsichtig in
der Mitte durch. Am besten geht das,
indem man sie auf eine Scheibe Brot legt
und mit einem sehr dünnen Messer
vorsichtig durchsägt.
• Nun schneidet man den Frischkäse in
12 Stücke, die man zu Schmetterlings-
leibern formt. Diese werden jeweils auf
einen ganzen Keks gelegt.
• Mit einer Pinzette steckt man Anissamen als Fühler hinein, kurz vor dem
Servieren halbe Kekse als Flügel.

Variation: Herzhafte Käse-
schmetterlinge
Anstatt Biskuit- oder Butterkeksen nimmt
man salzige Kekse (z.B. Cracker). Rühren
Sie eventuell etwas Parmesan unter den
Frischkäse, bevor Sie ihn formen.

Pfannkuchen
(ca. 20 Stück)

– 300 gr Mehl
– 100 gr Buchweizenmehl
– 400 ml Wasser
– 200-300 ml Buttermilch
– 2 Eier
– 1-2 TL Salz
– 3 EL Öl
– Sonnenblumenöl zum Backen

• Geben Sie das vermischte Mehl in
eine Schüssel und drücken Sie eine
Vertiefung in die Mitte. Schütten Sie
nach und nach Wasser dazu und rühren
Sie alles mit einem Schneebesen von der
Mitte aus zu einem homogenen, noch
sehr dickflüssigen Teig. Lassen Sie diesen
mindestens 20 Minuten bei Zimmertemperatur ruhen.
• Verquirlen Sie die Eier mit der Buttermilch und rühren Sie sie mit dem Salz
und dem Öl unter den Teig.
• Backen Sie die Pfannkuchen in etwas
Sonnenblumenöl auf beiden Seiten hellbraun. Wenn sich der Teig in der Pfanne
nicht gut verteilen lässt, sollten Sie ihn
mit etwas Buttermilch verdünnen.

Kuchen

Buchstabentorte
(kann ohne Ofen gemacht werden)

Wer keinen Ofen hat oder nicht gerne backt, kann mit diesem einfachen Rezept trotzdem eine originelle Torte anbieten. Sie können den Buchstaben beliebig groß machen oder sogar den ganzen Namen des Geburtstagskindes in Form eines Kuchens präsentieren, wenn viele Gäste kommen. Wird der Kuchen an einem kühlen, trockenen Ort aufbewahrt, kann er auch schon 1-2 Tage vor dem Fest zubereitet werden.
Für ein »M« brauchen Sie z.B.:

– *1 großen Rühr- bzw. Honigkuchen, am besten nicht zu weich*
– *2-3 EL Aprikosenmarmelade*
– *Schokoladenglasur (zwei- bis dreifache Menge des Rezeptes auf Seite 118)*
– *zum Verzieren: geschälte, halbierte Mandeln, ungesalzene Erdnüsse, Sonnenblumen- oder Pinienkerne, getrocknete und / oder kandierte Früchte, Bananenchips, eventuell Zuckerguss (Seite 118), Popcorn, kleine Süßigkeiten*

• Man schneidet den Kuchen längs in vier Balken von 3 x 4 cm und legt sie mit der Außenseite nach oben vor sich hin.
• Die Schnittkanten (mit Ausnahme der jeweiligen Unterseite) werden mit Marmelade bestrichen. Achten Sie darauf, dass die Oberfläche schön glatt wird.
• Ordnen Sie die Balken auf einem Tablett oder Brett so an, dass sie den gewünschten Buchstaben ergeben, und schneiden Sie dazu alle überflüssigen Ecken ab (siehe Variation 1).
• Gießen Sie die Schokoladenglasur über den Buchstaben und verzieren Sie ihn, solange die Glasur noch weich ist. Will man den Kuchen zusätzlich noch mit Zuckerglasur verzieren, muss man warten, bis die Schokoladenglasur ganz fest ist (eventuell kurz kaltstellen).
• Kurz vor dem Servieren streut man Popcorn um den Buchstaben.

Variationen:

– Außer B, C, D, G, O, P, Q, R und S können Sie auf die oben angegebene Weise alle Buchstaben formen. Für die anderen Buchstaben braucht man mehr Zeit und mehr Kuchen, da man die Rundungen nach Pappschablonen ausschneiden muss.
– Statt eines Buchstabens können Sie auch **Schokoladengebäck** zubereiten: Schneiden Sie den Kuchen in Würfel, überziehen Sie diese mit Schokoladenglasur und setzen Sie sie nach dem Verzieren in Papierförmchen.
– Wenn Ihr Kind den Kuchen für die ganze Klasse in die Schule mitnehmen will, kann man einen Buchstaben aus ganzen Kuchen formen: Man nimmt 4 Kuchen und verfährt damit wie mit den Balken in der obigen Beschreibung. Man braucht dann die achtfache Menge des Schokoladenglasur-Rezepts.

Apfelküchlein
(10 Stück von ca. 10 cm)

Schnell und einfach herzustellendes
Gebäck, das warm aus dem Ofen am
besten schmeckt und fast ohne Fett und
Zucker zubereitet wird.

- *2 Päckchen Blätterteig (20 Platten)*

- *4 kleine, feste Äpfel (ca. 500 gr)*
- *4 EL Rosinen*
- *2 EL Zucker, vermischt mit*
- *1/2 TL Zimt*
- *2 Ausstechformen mit 11 und 12 cm
  Durchmesser*
- *Puderzucker*

• Man schält und entkernt die Äpfel und
schneidet sie dann quer in ca. 1 cm dicke Scheiben.
• Aus der Hälfte der Teigplatten sticht
man 10 große Kreise aus (Ø 12 cm) und
aus dem Rest 10 kleinere (Ø 11 cm).
• Nun legt man die kleinen Kreise aufs
Backblech, eine Apfelscheibe darauf,
füllt das Loch im Apfel mit Rosinen und
bestreut das Ganze mit Zucker und Zimt.
• Den Teigrand bestreicht man mit Wasser. Legen Sie dann die großen Teigkreise
auf die Apfelscheiben und drücken Sie
die Ränder gut zusammen.
• Stechen Sie den oberen Teig ca. dreimal mit einer Gabel ein. Schneiden Sie
wenn nötig die Ränder glatt.
• Heizen Sie den Ofen vor.
Backen: 15-20 Minuten bei 220 °C,
2. Schiene von unten.

Die Küchlein sollten auf einem Kuchengitter halb oder ganz abkühlen und werden kurz vor dem Servieren mit Puderzucker bestreut.

Variationen:
- Besonders lecker: Nehmen Sie anstelle
  der Rosinen Marzipan oder eine Mischung aus fein gemahlenen Nüssen
  oder Nussmus mit Honig.

- **Birnenküchlein:** Die Äpfel werden
  durch Birnen ersetzt, die man aber
  nicht quer, sondern längs durch-
  schneidet. Stechen Sie keine Kreise
  aus dem Teig aus, sondern Ovale.
Tip: Wenn Sie die Küchlein schon einen
Tag vorher backen müssen, können Sie
sie auch aufbacken (ca. 5 Minuten bei
200 °C).

Biskuit-Torte
(18 oder 24 cm Durchmesser)

Diese klassische Geburtstagstorte ist
ganz einfach zu backen, aber man
benötigt eine präzise Küchenwaage und
sollte möglichst genau arbeiten. Den
Biskuit backt man am besten am Vortag
in aller Ruhe, er lässt sich viel leichter
schneiden, wenn er 1-2 Tage alt ist.
Luftdicht verpackt kann er im Kühlschrank bis zu einer Woche lang aufbewahrt werden. Kurz vor der Feier brauchen Sie ihn dann nur noch aufzuschnei-
den und mit Schlagsahne oder falscher
Buttercreme (d.h. Vanillepudding) zu
füllen (siehe auch »Schokoladentorte«,
Seite 117). Die Rezepte, um die Torte mit
Schokoladen- oder Zuckerglasur zu
überziehen, finden Sie auf Seite 118.
Bevor Sie den Teig zusammenrühren,
sollten Sie alle Zutaten bereitgestellt
haben:

- *Eiweiß von 3 großen, frischen Eiern*
- *1 Prise Salz*
- *75 gr feiner Zucker, wenn nötig
  gesiebt*
- *3 Eigelb, kräftig verrührt mit 3 EL
  lauwarmem Wasser*
- *geriebene Schale von 1 Zitrone*
- *60 gr Weizenmehl, vermischt mit*
- *30 gr Speisestärke*
- *1 TL Backpulver*

- *eine Springform von 18 oder 24 cm
  Durchmesser*
- *ein Stück Backpapier, etwas größer als
  die Springform*

• Man legt zuerst das Backpapier auf
den Boden der Springform und spannt
dann den Rand darum. Das Papier muss
locker sitzen, sonst reißt es. Überstehen-
des Papier wegschneiden.
• Der Rand der Form darf nicht eingefettet werden (sonst steigt der Teig nicht
hoch).
• Den Ofen vorheizen.
• Das Eiweiß mit dem Salz zu steifem
Eischnee schlagen. Zucker nach und
nach dazugeben und so lange weiter-
schlagen, bis eine glänzende, steife
Masse entstanden ist.
• Jetzt hebt man vorsichtig das mit
Wasser schaumig gerührte Eigelb und
die Zitronenschale darunter, siebt das
Mehl über die Masse und verrührt alles
mit dem Schneebesen zu einem homogenen Teig.
• Er muss sofort in die Form gegeben,
glatt gestrichen und in den Ofen geschoben werden.

Backen:
- Für 24 cm Durchmesser: ca. 20 Minuten bei 175 °C auf der untersten Schiene
- für 18 cm Durchmesser: ca. 30 Minuten bei 160 °C, unterste Schiene.

• Wenn der Biskuit zu schnell bräunt,
legt man Backpapier darüber. Der Tortenboden ist erst fertig, wenn die Ober-
seite sich fest anfühlt.
• Man lässt ihn noch 5 Minuten im aus-
geschalteten Ofen stehen (einen hitzebeständigen Löffel in die Tür klemmen),
stellt ihn dann in der Form auf ein
Kuchengitter und löst den Rand mit
einem scharfen Messer von der Form.
• Lassen Sie den Biskuit auf dem Boden
der Springform, bis er völlig abgekühlt
ist.

Variationen:
- **Schokoladenbiskuit:** Die Hälfte der
  Speisestärke wird durch 25 gr
  Kakaopulver und 2 EL Zucker ersetzt.

Schmetterlingstorte

• Backen Sie eines der verschiedenen Biskuitrezepte (siehe Seite 116), füllen Sie den Kuchen eventuell mit Schlagsahne oder Vanillepudding (siehe auch das folgende Rezept, »Schokoladentorte«) und schneiden Sie ihn in zwei Hälften, die man mit den gebogenen Seiten nach innen aneinander legt.
• Schneiden Sie die geraden Kanten eventuell in Form von Schmetterlingsflügeln zurecht.
• Den Körper zwischen den Flügeln kann man mit Datteln legen oder aus Pappe ausschneiden.

Schokoladentorte

• Backen Sie einen Schokoladenbiskuit nach dem Rezept auf Seite 116. Sie können auch den einfachen Biskuit oder die Nussvariante wählen.
• Füllen Sie den Biskuit mit falscher Buttercreme (d.h. mit Vanillepudding, den Sie eventuell mit etwas Butter und Puderzucker verrühren können). Diese sollte nicht zu fest sein, weil sie sich dann nicht mit dem Biskuit verbindet und die Tortenstücke beim Schneiden auseinander fallen, allerdings auch nicht zu flüssig, da sie sonst zwischen den Biskuitscheiben herausläuft.

Verzieren:
– Dunklen Schokoladenbiskuit kann man sehr schön (und schnell) verzieren, indem man eine Papierschablone ausschneidet, auf den Kuchen legt und das Ganze kurz vor dem Servieren mit Puderzucker bestäubt. (Liegt der Zucker längere Zeit auf dem Kuchen, schmilzt er.) Legen Sie die Schablone auf die glattere Seite der Torte und seien Sie sehr vorsichtig beim Abnehmen.
– Sie können den Biskuit auch mit Schokoladenglasur überziehen (siehe das folgende Rezept).

– **Haselnuss- oder Mandelbiskuit:** Die Hälfte des Weizenmehls wird durch sehr fein gemahlene Mandeln und / oder Haselnüsse (eventuell geröstet) ersetzt.
– **Beerenbiskuit:** Die Zuckermenge wird auf 100 gr erhöht. Heben Sie zuletzt 150 gr gut trockengetupfte rote Beeren unter den Teig. Diese Torte bleibt 2-3 Tage frisch. Man bestreut sie kurz vor dem Servieren mit Puderzucker und garniert sie mit Ästchen roter Johannisbeeren und kleinen Blättchen.

Tip für das Aufschneiden von Biskuitböden:
Man schneidet mit einem scharfen, spitzen Messer den Rand rundherum ca. 1 cm tief ein, legt ein Stück Zwirn in die Spalte und zieht diesen langsam zusammen. Der Faden schneidet so den Tortenboden durch.

Schokoladenglasur

(für eine Torte von 24 cm Durchmesser)

Diese Glasur trocknet sehr langsam und ist deshalb besonders dann geeignet, wenn man die Torte verzieren möchte (z.B. mit halbierten Mandeln). Wenn sie ganz getrocknet ist, kann man auch mit Zuckerguss darauf schreiben (siehe das nächste Rezept).

- 150 gr Vollmilch- oder Zartbitter-schokolade
- 1 EL Puderzucker
- 10 gr Butter

• Geben Sie die in kleine Stückchen zerbröckelte Schokolade in ein Schüsselchen und erwärmen Sie sie unter Rühren im heißen Wasserbad, bis sie zu einer homogenen Masse geworden ist.
• Rühren Sie dann Butter und Puderzucker unter.

Verarbeitung: Die noch warme Glasur wird über den Kuchen gegossen. Biskuit-Torten bestreicht man zuvor mit erwärmter und durch ein Sieb gestrichener Marmelade, dann fließt die Schokoladenglasur besser. Beginnen Sie mit dem Gießen in der Mitte des Kuchens und verteilen Sie die Glasur mit einem Pinsel nach außen hin.

Zuckerguss

Mit diesem Guss können Sie auf einem Kuchen schreiben oder malen.

- 25 gr Puderzucker
- 1-2 TL Eischnee

• Verrühren Sie den Puderzucker in einer Tasse mit dem Eischnee, bis die Masse gleichmäßig glatt ist. Geben Sie eventuell mehr Puderzucker zu (immer in sehr kleinen Mengen), bis die gewünschte Konsistenz erreicht ist: Es muss eine zähflüssige Masse sein. Nie mit Wasser, sondern nur mit Eischnee verdünnen.
• Die Tasse deckt man ab, da der Guss leicht austrocknet.
• Kleben Sie Dreiecke aus Backpapier zu Tütchen und verstärken Sie sie an der Spitze mit Tesafilm.
• Nun schneidet man ein winziges Loch in die Spitze und füllt die Tüte halb mit Guss. Je größer das Loch, umso dicker wird die Schrift.
• Die Schokoladenglasur muss ganz trocken sein, bevor man mit Zuckerguss darauf schreibt.

Teig für einen Kuchenboden

(ca. 500 gr, genug für einen Kuchenboden von 26-28 cm oder für 6-8 Förmchen von ca. 8 cm Durchmesser)

Ein mäßig süßer, aber gut zu schneidender Boden, den man sowohl mit Obst belegt als auch unbelegt backen kann. Ideen für den Belag finden Sie bei dem Rezept »Obst-Torte« auf Seite 119.

- 125 gr feines Vollkornmehl
- 125 gr Weizenmehl
- 50-75 gr Zucker
- 2 TL Backpulver
- eine Messerspitze Salz

- Schale von 1/2 Zitrone oder 1 Orange
- 1 TL Zitronensaft
- 1 kleines Ei

- 75-100 gr weiche Butter

• Man gibt das Mehl in eine Schüssel und drückt eine Vertiefung hinein. Darin werden Zucker, Backpulver und Salz vermischt. Nun werden Zitronenschale und -saft und das Ei dazugegeben und das Ganze mit einer Gabel zu einem Teig verrührt.

• Schneiden Sie die Butter in kleine Stückchen und kneten Sie diese in den Teig. Fügen Sie wenn nötig esslöffelweise Wasser hinzu. Stellen Sie den Teig mindestens eine halbe Stunde im Kühlschrank kalt.
• Im Kühlschrank ist dieser Teig eine Woche haltbar, im Gefrierfach 3 Monate.

Tips für das Ausbacken:

- Wenn Sie eine Springform benutzen, können Sie den Teig direkt auf dem Boden der gefetteten Form auswellen (unter den Boden der Form legt man ein feuchtes Tuch, zwischen Teig und Wellholz eine Plastikfolie; oder man bestäubt das Wellholz mit Mehl). Nehmen Sie dazu etwa zwei Drittel der gesamten Teigmenge. Schließen Sie dann den Rand der Form darum und drücken Sie den Rest des Teiges daran, der zuvor zu einer dünnen Rolle geformt wurde. Die Oberkante drückt man mit einer Gabel rundherum ein und schneidet sie gerade. Zuletzt löst man den Teig mit einem spitzen Küchenmesser etwas von der Form. Will man den Boden unbelegt backen, sticht man ihn mehrmals mit einer Gabel ein. Er wird dann nach dem Abkühlen mit Obst belegt, das Sie eventuell noch mit einem Tortenguss überziehen sollten (siehe »Obst-Torte«, S. 119).
- Bei einer Kuchenform ohne ablösbaren Rand können Sie den Teig mit bemehlten Fingern gleichmäßig in der Form verteilen oder ihn mit viel Mehl auf der Tischplatte auswellen, zweimal zusammenlegen und in der Kuchenform wieder auseinander falten.

Backen:

- belegter Kuchen: ca. 40 Minuten bei 200 °C, unterste Schiene
- unbelegt: 20-30 Minuten bei 190 °C, mittlere Schiene. Kleine Förmchen: 15-20 Minuten.

• Bei einem belegten Kuchen entfernt man sofort nach dem Backen den Rand der Springform, nach einer Viertelstunde legt man ihn auf ein Kuchengitter.

• Den unbelegten Boden lässt man in der Form ganz auskühlen und legt ihn erst dann auf ein Kuchengitter. Luftdicht verpackt kann man den unbelegten Boden an einem kühlen Ort 2-3 Wochen aufheben.

Obst-Torte

• Backen Sie das halbe Rezept Biskuitteig (Seite 116) oder für zwei Kuchen das ganze Rezept; schneiden Sie den Biskuit dann in zwei Scheiben (siehe »Tip« unter dem Rezept).
Einen etwas festeren Kuchenboden erhält man mit dem vorangegangenen Rezept »Teig für einen Kuchenboden«.

• Diese Böden kann man mit Marmelade oder Fruchtmus (Aprikosen) oder (ganz am Schluss) mit Schlagsahne bestreichen. Kurz vor dem Servieren belegt man die Torte dann mit Beeren, Obstscheiben oder eventuell Süßigkeiten.

• Birnen, Äpfel oder Bananen werden nicht braun, wenn man sie in Zitronensaft wendet.

• Muss man den Kuchen bereits einige Stunden vor dem Verzehr zubereiten, kann man die Früchte mit kurz erwärmtem Zitronengelee, mit Agar-Agar oder Gelatine, die in Fruchtsaft oder etwas Zuckerwasser aufgekocht wurde, bestreichen.

• Man kann für diesen Obstkuchen auch eingemachtes Obst verwenden.

Napfkuchen
(ca. 1 kg)

Ein wunderbarer Geburtstagskuchen, der besser am Vortag gebacken wird, da er lange gehen muss. Kurz vor dem Servieren bestreut man ihn dick mit Puderzucker.

– *400 gr Weizen- oder Vollkornmehl oder eine Mischung daraus*
– *1/2 EL Hefe, in*
– *300 ml lauwarmer Milch aufgelöst*
– *100 gr weiche Butter*
– *1 TL Salz*

– *50 gr Zucker, mit*
– *2 Eidottern verrührt*
– *Schale von 1 Zitrone oder Orange*

– *125 gr Datteln, ohne Kern gewogen und quer in dünne Streifen geschnitten*
– *einige geschälte halbe Mandeln*

– *eine Napfkuchenform (2 l), großzügig mit Butter eingefettet und mit Mehl bestäubt*

• Man gibt das Mehl in eine Schüssel und drückt eine Vertiefung in die Mitte. Dort wird die in lauwarmer Milch aufgelöste Hefe hineingegeben und mit ein bisschen Mehl zu einem Vorteig vermengt.

• Die Butter schneidet man in dünne Scheiben, legt sie auf den Teig und streut das Salz darüber.

• Lassen Sie den Vorteig zugedeckt an einem warmen Ort gehen, bis Bläschen entstehen (20 Minuten oder länger).

• Alle restlichen Zutaten bis auf die Datteln werden dazugegeben und der Teig ca. 5 Minuten geknetet und geschlagen, bis er Blasen wirft.

• Kneten Sie nun die Datteln darunter und lassen Sie den Teig zugedeckt an einem warmen Ort gehen, bis er sein

Volumen verdoppelt hat (ca. 1-2 Stunden; Sie können ihn aber auch länger gehen lassen).

• Man legt nun die Mandelhälften mit der runden Seite nach unten und der Spitze nach außen auf den Boden der Napfkuchenform, gibt den Teig vorsichtig darüber (er darf dabei ruhig noch etwas zusammenfallen), steckt die herausragenden Datteln mit Hilfe eines spitzen Messers tief in den Teig hinein und streicht die Oberfläche glatt.

• Nun lässt man den Teig noch einmal gehen, bis er wieder eine schöne runde Oberfläche hat.

• Heizen Sie inzwischen den Ofen vor.
Backen: ca. 40 Minuten bei 190 °C auf der untersten Schiene.

• Nach dem Backen lässt man den Napfkuchen noch 5 Minuten im warmen Ofen stehen, dann 5 Minuten außerhalb des Ofens. Anschließend stürzt man ihn auf ein Kuchengitter.

Eis

Vanille-Sahne-Eis
(ca. 3/4 Liter)

Mit Obststückchen, Eiswaffeln, Frucht- oder Schokosauce lassen sich mit diesem Eis leckere Eisbecher zaubern.

– 100 ml kaltes Wasser
– 1/2 TL Vanillepulver
– 1/2 EL Agar-Agar-Pulver

– 350 ml Milch
– 50-75 gr Honig

– 150 ml geschlagene Sahne

• Das Vanille- und das Agar-Agar-Pulver ca. 20 Minuten lang im Wasser einweichen. Dann unter Rühren aufkochen, 5 Minuten mit geschlossenem Deckel leicht köcheln lassen.

• Nun nimmt man den Topf vom Herd und schlägt langsam so viel von der Milch darunter, bis die Masse Körpertemperatur hat.

• Jetzt wird der Honig darin aufgelöst und dann kommt die restliche Milch dazu.

• Wenn die Masse ganz abgekühlt ist, hebt man die geschlagene Sahne unter und stellt das Ganze (am besten in einem verschließbaren Gefäß) 2-3 Stunden in das Gefrierfach.

• Alle halbe Stunde muss mit einer Gabel oder mit einem Pürierstab umgerührt werden, damit das Eis eine feinere Struktur bekommt – Wecker stellen!

• Im Gefrierfach kann man das Eis zwei bis drei Monate aufbewahren. Da es direkt aus dem Gefrierfach sehr hart ist, stellt man es eine halbe Stunde, bevor man es verzehrt, in die Gemüseschublade des Kühlschranks.

Fruchtsauce

Passieren Sie reife, weiche Früchte durch ein Sieb und süßen Sie sie mit Honig.

Schokoladensauce
(ca. 250 ml)

Eine warme, nicht sehr massive, aber wohlschmeckende Sauce über Vanille-Eis oder Kompott.

– 1 EL Zucker
– 1 EL Kakaopulver
– 1/2 EL Speisestärke

– 50 ml Milch

– 2 Riegel Vollmilch- oder Zartbitterschokolade (40 gr), in kleine Stückchen gebrochen

• Zucker, Kakao und Speisestärke in einer Tasse vermischen, bis keine Kakaoklümpchen mehr zu sehen sind, und mit einem Schuss Milch zu einem dünnen Brei verrühren.
• Nun bringt man die Milch zum Kochen und rührt dann die Kakaomasse unter. Zwei Minuten unter ständigem Umrühren auf kleiner Flamme kochen. Nehmen Sie den Topf vom Herd und rühren Sie die Schokolade so lange unter, bis sich alle Klümpchen aufgelöst haben.
• Nun gibt man die Sauce in ein feuerfestes Gefäß und stellt es auf einem Stövchen auf den Tisch.
• Will man die Sauce schon vor dem Fest zubereiten, kann man sie vor dem Verzehr im Wasserbad unter Rühren wieder aufwärmen.

Bananeneis am Stiel

– Bananen
– Holzstäbchen

Dieses Eis ist im Handumdrehen zubereitet und nach 2-3 Stunden im Gefrierfach fertig.
Es ist sehr hart, so dass man es nur in ganz kleinen Häppchen abnagen kann. Dadurch kommt nicht so viel Kaltes auf einmal in den Magen und außerdem kleckert hierbei endlich einmal nichts!

• Man schneidet sehr reife Bananen in Stücke von 3-4 cm und spitzt sie an einem Ende zu.
• In das andere Ende steckt man die Holzstäbchen.
• Legen Sie die Bananen nun in eine Schale mit Deckel. Sie dürfen sich nicht berühren – schieben Sie eventuell Streifen aus Folie dazwischen. Nun stellt man die Schale in das Gefrierfach.

Alphabetisches Register der Spiele, Bastelanleitungen und Rezepte

Bastelanleitungen und Rezepte, die als Vorbereitungen für ein Fest gedacht sind, sowie Überbegriffe sind kursiv gesetzt.

Register nach Spielart und Altersgruppen

In diesem Register sind nacheinander aufgeführt: Seitenzahl, Titel des Spiels, Angaben zum Alter der Kinder, Anzahl der Spieler und Spielart. Zur Erklärung der Symbole siehe Seite 2 oder 39.

Abzählverse

39	Eins-zwei, eins-zwei	4⁺
39	Bänder oder Abzeichen	4⁺
40	Ene dene duppe dene	5⁺
40	Was gehört zu wem?	4±
40	Wer schließt die Brücke?	2

Spiele zum Kennenlernen

40	Wie sieht Jan aus?	*
40	Wie viele Bohnen?	5⁺
41	Angenehm ...	4-8
41	Namen merken	*
41	Wem gehört dieser Ballon?	5⁺
41	Pfänderspiel zum Kennenlernen	4⁺
41	Zeitungs-Tip	5⁺
41	Wer bin ich?	4⁺
41	Mein rechter, rechter Platz ist frei	8⁺

Siehe auch:

| 40 | *Was gehört zu wem?* | 4± |

Spiele für Zwischendurch

42	Wie viele Bälle schaffst du in den Eimer?	3⁺
42	Tip	3-8
42	Im dunklen Wald	7⁺
42	Wie viele Namen kennst du?	3⁺
42	Zungenbrecher	*

Siehe auch:

| 40 | *Wie viele Bohnen?* | 5⁺ |
| 60 | *Wie lange?* | 4⁺ |

Bewegungs- und Nachahmungsspiele

43	In Leipzig wird ein Turm gebaut	3⁺
43	Wir haben ein goldenes Band	3⁺
43	Adam hatte sieben Söhne	7⁺
44	Zeigt her eure Füße	*

44	Hein Mücke	*
44	Was tun wir denn so gerne hier im Kreis?	5⁺
44	Ringel Rangel Rose	3⁺
45	Siebensprung	5⁺
45	Ich armer Mann	8⁺
46	Butter stampfen	3⁺
46	In Holland steht ein Haus	8⁺

Einfache Gruppenspiele

47	Kirschen- oder Brezelschnappen	*
47	Ölsardinen	5⁺
47	Wer hat die meisten Kästchen?	2-6
47	Schokolade essen	5⁺
48	Ballonspiel	*
48	Grabbelkiste	*
48	Blaseball	6⁺
48	Tiere jagen	3⁺
48	Stille Post	5⁺
49	Heiße Kartoffel	6⁺
49	Wie viel passt in eine Streichholzschachtel?	3-8
49	Lachen verboten!	5⁺
49	Mit einem Eselschwanz	*
49	Pfänderspiel	5⁺
50	Pfänder einlösen	5⁺
50	Na, wo ist es wohl?	5⁺
50	Warm oder kalt	5⁺
50	Wer bringt das Schiff zum Sinken?	3⁺
50	Wenn die Musik stoppt	4⁺
50	Fische fangen	5⁺

Kreisspiele

51	Schornsteinfeger	7±
51	Muss wandern	6⁺
52	Plumpsack	7⁺
52	Fleißige Bienchen	7±
52	Drei sind zu viel	12±
52	Katz und Maus	12⁺

52	Blinzeln			9±			
53	Hauptverkehrszeit			8+			
53	Telefonieren			8+			
53	Armer schwarzer Kater			8+			
53	Hund und Katz			8+			
53	Ringlein, Ringlein			8+			

Gedächtnis-und Aufmerksamkeits-spiele, Wort- und Rätselspiele

54	Erde, Wasser, Luft	8+
54	Alle Vögel fliegen hoch	5+
54	Berufe	5+
54	Was macht der Zimmermann?	5+
54	Stein, Pflanze oder Tier?	3+
55	Wie viele Streichhölzer?	3+
55	Ich sehe was, was du nicht siehst	3+
55	Ich packe meinen Koffer	5+
55	Zehn Buchstaben	3+
55	Was hab ich eingekauft?	4+
55	Wer ist das wohl?	3+
55	Ohne Sieben	5+
56	Kommando Bimberle	3+
56	Detektiv	4+
56	Inserat	*
56	Eine Reise nach Amsterdam	*
57	Angenehm, Robert ...	*
57	Wer bist du?	*
57	Kleidertausch	5+
57	Teekesselchen	6+
57	Für wen ist der Koffer?	5+
57	Wortreigen	6+
58	Quiz	*
58	Reise mit Hindernissen	4+

Ruhige Spiele

58	Seifenblasen	*
59	Kim	*
59	Riech-Kim	4+
59	Geschmacks-Kim	4+
59	Tast-Kim	6+
59	Mikado	4-8
59	Bonbons sammeln	3+
59	Wer, was, wo	3+
60	Fertig zeichnen	*
60	Blinde Kunst	4+

60	Wie lange?	4+
60	Meine Streichhölzer sind alle!	4+
60	Fuchs und Gänse	5
60	Sag nicht »äh«	*
	Siehe auch:	
42	*Wie viele Namen kennst du?*	3+
47	*Wer hat die meisten Kästchen?*	2-6

Kreative Spiele

61	Wer hat die längste Schlange?	*
61	Mumien wickeln	6±
61	Pantomime	9+
61	Pantomime mit zusammen-gesetzten Wörtern	*
61	Kettenpantomime	8+
61	Modenschau	6+
61	Welche Band spielt zuerst?	8+
62	Dichte ein neues Lied	6+
62	Fortsetzungsgeschichte	3+

Basteln

62	Perlen auffädeln	*
62	Gebäck verzieren	*
63	Malen	*
63	Gebildebrote	*
63	Salzteigfiguren	*
63	Karten mit beweglichen Figuren	*
64	Überraschungskarten	*
64	Große Kieselsteine bemalen	*
64	Wurfzapfen	*
65	Kreisel	*
65	Papierpuppen anziehen	*
66	Kartoffeldruck	*
66	Masken basteln	*
66	Girlanden schneiden	*
67	Knopfkunst	*
67	T-Shirts bemalen	*
67	Einfacher Drachen	*

Aktive Spiele für drinnen

68	Erbsenspiel	3+
68	Autorennen	*
68	Siebenschläfer	5+
68	Im dunklen Wald	7+

Blindekuhspiele

Geschicklichkeitsspiele

Fangen und andere Spiele für draußen

Ballspiele

Laufstaffeln